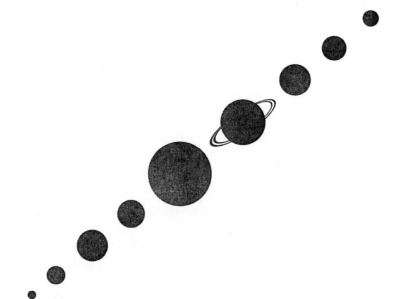

O LADO OCULTO DA TRANSIÇÃO PLANETÁRIA

Copyright © 2015 by Wanderley Oliveira

1ª Edição | 2ª Reimpressão | Novembro 2015 | 16º ao 17º milheiro
Dados Internacionais de Catalogação Pública

CRAVO, Maria Modesto (Espírito)
  O Lado Oculto da Transição Planetária
  Maria Modesto Cravo (Espírito): psicografado por Wanderley Oliveira.
  EDITORA DUFAUX: Belo Horizonte, MG. 2014
  297p.   16 x 23 cm
  ISBN: 978-85-63365-57-6
    1. Espiritismo   2. Psicografia
    I. OLIVEIRA, Wanderley   II. Título

CDU 133.3

Impresso no Brasil
Printed in Brazil
Presita en Brazilo

Editora Dufaux
R. Contria, 759 - Alto Barroca
Belo Horizonte - MG, 30431-028
Telefone: (31) 3347-1531
comercial@editoradufaux.com.br
www.editoradufaux.com.br

 Conforme novo acordo ortográfcio da língua portuguesa ratificado em 2008.

Os direitos autorais desta obra foram cedidos pelo médium Wanderley Oliveira à Sociedade Espírita Ermance Dufaux (SEED). Todos os direitos reservados à Editora Dufaux. É proibida a sua reprodução parcial ou total através de qualquer forma, meio ou processo eletrônico, digital, fotocópia, microfilme, internet, cd-rom, dvd, dentre outros, sem prévia e expressa autorização da editora, nos termos da Lei 9.610/98 que regulamenta os direitos de autor e conexos.

O lado Oculto da Transição planetária

Maria Modesto Cravo *pelo médium Wanderley Oliveira*

Série
Romance Mediúnico

Dufaux
editora

Prefácio | 08
A luz raiou nos abismos – Bezerra de Menezes

Introdução | 14
O lado oculto da transição planetária –
Maria Modesto Cravo

1 | 24
Tratando um caso de magia

2 | 42
Tratamentos espirituais e antigoécia

3 | 64
Desdobramento pelo sono – alertas

4 | 80
O muro que separa as pessoas

5 | 104
Mediunidade e homossexualidade

6 | **134**
A alma dos grupos espíritas

7 | **160**
Dirigentes também precisam de ajuda

8 | **186**
Parceria nos serviços mediúnicos

9 | **208**
Irmão Ferreira e a semicivilização

10 | **238**
Defesas nos serviços com o submundo astral

Entrevista com dona Modesta | **258**

**Ponderações sobre experiências
mediúnicas com o submundo astral** | **270**

Prefácio

A luz raiou nos abismos

"O povo que estava assentado em trevas viu uma grande luz; e aos que estavam assentados na região e sombra da morte a luz raiou."

Mateus 4:16.

Jesus, o benfeitor amorável, convoca cooperadores para o saneamento das esferas sombrias do mundo espiritual.

O Espiritismo inaugurou a era em que se abrem as portas para que o homem encarnado enxergue a extensão de sua família espiritual pelos sagrados laços da alma.

Bem-aventurado o servidor do bem que acende uma tocha de luz nas furnas da escuridão.

Bem-aventuradas as caravanas da bondade que se desprendem do corpo material durante a noite para secar as lágrimas dos atormentados pela solidão.

Padecimentos mentais e dores da alma são aliviados nos espíritos sofridos quando os raios da oração alcançam os tenebrosos vales do desespero.

Velhos grilhões da obsessão são rompidos ao propiciar aos vingadores enlouquecidos um momento de sossego.

Que o manto luminoso de Maria de Nazaré recaia sobre os umbrais e transforme a dor em renascimento no berço carnal.

Nossos laços afetivos têm raízes concretas com os abismos astrais, arquivados em nossa vida mental. Ampliemos nossos conceitos arraigados para entendermos as realidades que se desenrolam nas furnas da maldade organizada. Lá, onde reside nossa família espiritual, também é a casa de Deus.

A regeneração planetária tão desejada é uma estrada luminosa que passa pelos desfiladeiros expiatórios. Um mundo melhor depende da canalização da misericórdia celestial para esses lugares de tanta carência e desorientação.

Nesse momento, em que os tutores celestes lançam seus olhares e suas ações para que as trevas sejam iluminadas pela força do amor, os aprendizes do Evangelho são chamados para se alistarem nas frentes destemidas de trabalho e socorro.

A inclusão espiritual dos umbrais é insubstituível medida de amor para os tempos novos da Terra.

A luz raiou nas mais insensíveis organizações da maldade, anunciando os tempos novos até para aqueles que têm o coração voltado para a tirania e o ódio. "O povo que estava assentado em trevas viu uma grande luz;".

A mediunidade cristã, orientada pela caridade e pela abnegação, constitui-se numa ponte entre o céu e o inferno, unindo planos distintos da vida numa dinâmica de apoio e redenção.

Que a coragem dos trabalhadores espíritas transponha o muro dos conceitos endurecidos e permita que muitas frentes de serviço e socorro estendam generosas oferendas de consolo, alívio, esperança e luz aos queridos irmãos paralisados nesses lugares sombrios.

Se Jesus Se encontra nessa tarefa de purificar os pântanos astrais, na base da atual transição planetária, nós, que dizemos amá-Lo, devemos seguir Seus passos. Apressemo-nos em oferecer nossa humilde colaboração.

Que o Mestre nos permita depositar sobre a mesa espiritual de muitos grupos mediúnicos, em sintonia com essa proposta de amor, o pergaminho que celebre a parceria na ampliação das frentes de serviço pela regeneração de nossa casa terrena.

Muita paz aos meus filhos amados e que o Senhor da vinha lhes cubra de alegrias no esforço de cada dia.

Bezerra de Menezes.
Belo Horizonte, agosto de 2014.

Introdução

O lado oculto da transição planetária

"A Humanidade tem realizado, até ao presente, incontestáveis progressos. Os homens, com a sua inteligência, chegaram a resultados que jamais haviam alcançado, sob o ponto de vista das ciências, das artes e do bem-estar material. Resta-lhes ainda um imenso progresso a realizar: o de fazerem que entre si reinem a caridade, a fraternidade, a solidariedade, que lhes assegurem o bem-estar moral. Não poderiam consegui-lo nem com as suas crenças, nem com as suas instituições antiquadas, restos de outra idade, boas para certa época, suficientes para um estado transitório, mas que, havendo dado tudo o que comportavam, seriam hoje um entrave. Já não é somente de desenvolver a inteligência o de que os homens necessitam, mas de elevar o sentimento e, para isso, faz-se preciso destruir tudo o que superexcite neles o egoísmo e o orgulho."

Allan Kardec.
A gênese, capítulo 18, item 5.

Bilhões de almas no planeta, seja no corpo físico ou fora dele, clamam por esperança e paz.

Esperança para que suas vidas tenham sentido e rumo. Paz para que consigam avançar na direção do progresso necessário e possam se libertar dos sítios de dor nos quais se encontram há milênios.

No plano astral das grandes megalópoles ou mesmo em lugarejos desconhecidos e menos povoados ao redor do planeta Terra, encontram-se colônias de um submundo formado por esses espíritos desencarnados. Nelas existe penúria e injustiça, dor e doença, fome e loucura, submetendo-os a sofrimentos inenarráveis. E eles aguardam a nossa colaboração.

Por conta dessa carga vibratória ignorada pelo homem mentalmente dominado pelo materialismo, pesa sobre a economia das nações em desenvolvimento um ônus que não é apresentado nos tribunais do mundo nem nos projetos de assistência social dos órgãos públicos que, hoje em dia, é capaz de gerar reflexos substanciais na sociedade dos encarnados. A vida astral padece de nutrição, orientação, socorro, acolhimento e alívio.

Comunidades inteiras se deslocaram, no século 20, por causa das inúmeras mutações sociais e das alterações ecológicas, em ambos os planos da vida. Muitas mudanças aconteceram na vida espiritual da Terra mesclando a sombra e a luz, o plano físico e o espiritual, criando cenários jamais vistos em todos os tempos da história.

Vemos hoje o desejo incontrolável dos jovens encarnados de permanecerem horas nos *shoppings centers* das grandes cidades, sendo sustentados por espíritos ociosos do plano espiritual, padecendo todos da terrível doença da sensação de inutilidade.

Nos lugares de diversão, onde os encarnados se embebedam de prazer e fuga, vamos encontrar formas de vida astralina, estranhas e perigosas, infestando os ambientes de vírus e bactérias, incentivando, no plano físico, a mutação de doenças desconhecidas e de difícil diagnóstico.

Nos templos de qualquer religião, a luz da oração costuma enlaçar, abruptamente, almas em completa demência ou desespero, para que se envolvam no calor das vibrações e das palavras que lhes acalmam e lhes agasalham do frio das intempéries mentais.

Um simples restaurante de portas abertas para a rua pode tornar-se pasto de usufruto coletivo de desencarnados atordoados pela fome e pela ganância, suplicando um pedaço de carne. A mendicância física que é vista na porta de uma padaria, de uma loja de guloseimas ou de um ambiente comercial não é nada comparado com a espiritual.

Quem vê as cracolândias[1] nas grandes capitais do país nem imagina os grupos de viciados que se formam no astral dos grandes centros urbanos, onde a vida acontece com os mais variados interesses escusos e onde se movimentam as ações de ganho das empresas e organizações do plano físico.

O submundo já não se comporta nas regiões subcrostais da Terra e se transpôs para as avenidas e escolas, prisões e templos, barracos e mansões, instituições e centros de lazer. O inferno literalmente se deslocou para o solo terreno.

Quem vê a situação dos países subdesenvolvidos, com as pessoas comendo barro[2], pode ter uma noção dos quadros cruéis de dor espiritual em decorrência do fato de que na vida física avançam os casos de desperdício dos que têm em abundância.

O superpovoamento é também astral, causando uma sensação de sufoco e de perda generalizada que a

---

1 Cracolândia (por derivação de *crack*) é uma denominação popular para uma região, normalmente situada nos centros das capitais, onde se desenvolve intenso tráfico de drogas.

2 No Haiti, mulheres preparam biscoito de barro para alimentar seus filhos famintos e desnutridos. A receita desse biscoito é simples: argila, água e sal. Forma-se uma pasta amarela, moldada em pequenos círculos. O cozimento fica por conta do sol infernal: em pouco mais de uma hora, o biscoito estará pronto para ser consumido.

maioria dos homens reencarnados não identifica claramente, mas que os faz padecer todos os dias em seus pensamentos e sentimentos. Todos já são capazes de sentir o peso psíquico do planeta.

O lado oculto da transição planetária é um movimento que marcha acelerado e intensamente repleto de efeitos no mundo físico. Os dois planos da vida estão tão intimamente entrelaçados que, em certos episódios, como o "11 de Setembro", fica difícil conceber se os aviões foram atirados nas Torres Gêmeas[3] por homens ou por espíritos, tamanha identidade de propósitos e de condutas.

O fundamentalismo e a política, a educação e a religião, a cultura e arte, a guerra e a corrupção, a ganância e o desejo de domínio estão estreitamente conectados com as mais surpreendentes manifestações de falanges trevosas no mundo dos espíritos.

Quaisquer frentes de serviço no bem que se abram para os serviços no submundo são como uma caravana corajosa que corta os desertos e as sombras da noite para levar água e comida, alívio e acolhimento aos padecimentos e necessidades de quantos se encontrem nessa esfera astral da Terra.

Aqui, no plano espiritual, a matéria que os médiuns no corpo físico podem oferecer a tais iniciativas é

---

3   As Torres Gêmeas do complexo empresarial do World Trade Center, na cidade de Nova York, USA, foram destruídas por ataques terroristas em 11 de setembro de 2001.

comparável a ouro. A energia do corpo físico é única, substancial e sem imitações.

Jesus está nos umbrais da Terra conclamando operários ativos e destemidos do mundo físico para esse momento. Impossível a regeneração do planeta sem a limpeza do submundo astral, onde ainda se encontram as raízes de toda a maldade e de todos os problemas do planeta, em todos os tempos de sua história.

Candidatar-se a esse gênero de serviços em favor do bem é promover-se à condição de servidores da luz em plena era de transição, é receber proteção e assistência dos mais amoráveis e dedicados cooperadores das esferas mais altas de nosso orbe.

O chamado[4] de Eurípedes Barsanulfo[5] e de Isabel de Aragão[6] soa como ecos vibratórios que tocam as fibras

---

4 Conferência de Isabel de Aragão sobre a maldade organizada, capítulo 4 de *Os dragões*, obra mediúnica de autoria espiritual de Maria Modesto Cravo e psicografia de Wanderley Oliveira, Editora Dufaux.

5 Eurípedes Barsanulfo: Nasceu em Sacramento, em 1º de maio de 1880, e desencarnou na mesma cidade, em 1º de novembro de 1918. Foi, durante sua vida terrena, professor, jornalista e médium espírita brasileiro.

6 Isabel de Aragão nasceu em Saragoça, no ano de 1271, onde então se encontrava a corte aragonesa. Era filha de Pedro III de Aragão com Constança da Sicília. Entretanto, a princesa Isabel não foi criada pelos pais, mas pelo avô, Jaime I, o então rei de Aragão. Isabel viveu em seu país natal até os doze anos, quando, em 1282, contraiu núpcias com o rei português Dinis de Borgonha, passando a ser a rainha consorte de Portugal até a sua morte, ocorrida na cidade lusitana de Estremoz, em 1325.

profundas de todos os corações e mentes abertos ao serviço de espiritualização do planeta.

Quando o amor sucumbe, as trevas vencem. Quando grupos erguidos em nome do Espiritismo e do Evangelho se abatem perante conflitos e discórdias, as trevas assinalam uma vitória por apagar um ponto de luz.

Quando o amor supera as sombras do egoísmo e do preconceito, a obra do Cristo vence e assinala mais um passo rumo à regeneração na Terra. É essa a história do Grupo Espírita Fraternidade descrita nesta obra. Um grupo de pessoas simples, porém, com a alma aberta às influências do amor.

Diz o codificador que ainda temos uma grande conquista a realizar: a de estabelecermos entre nós a caridade, a fraternidade e a solidariedade que nos garantam o bem-estar moral.

Para isso, faz-se necessário o desenvolvimento de relações honestas, autênticas e sólidas, que estimule a humildade e a fraternidade. Esse chamado para os tempos novos da regeneração solicita organizações alinhadas com a despretensão, a simplicidade e o desejo sincero de ser útil. Que as instituições sejam dirigidas pelo bom-senso e não pelo autoritarismo, pelo afeto e não pelas regras.

O destaque de Kardec é muito apropriado: não necessitamos somente desenvolver a inteligência, mas sim elevar nossos sentimentos a fim de que possamos acabar com nosso egoísmo e orgulho.

Dificilmente os planos e projetos nascidos do intercâmbio sadio da mediunidade se corporificarão nas atividades humanas sem um nobre e abundante sentimento de fé. Essa fé significa, sobretudo, confiança suficiente no grupo espiritual para reconhecê-lo, em quaisquer ocasiões, como a fonte maior de força, amparo e roteiro para um caminho mais ajustado com o aprendizado no bem e a libertação das nossas consciências. Fé que signifique entrega e parceria para servir e aprender. Esse sentimento e essa conduta não florescem se não houver inteligência e conhecimento.

Nos bastidores da transição, trafegam os mais dolorosos quadros de enfermidade moral pedindo nosso auxílio. Todos podem oferecer algo pelas vias do coração.

O chamado de Jesus pede nossa presença. Estendamos nossa rede de luz e socorro neste momento tão decisivo da nossa casa planetária. Afinal de contas, ao estendermos nossas mãos a essas frentes de serviço, estamos, em verdade, abrindo nossos corações para agasalhar nossa família espiritual, formada por laços longínquos na noite dos tempos, e mergulhando na aura límpida da bondade, que é o melhor e mais eficiente escudo de proteção humana na escola terrena.

Que o Senhor da Vinha nos ampare os propósitos e nos segure firme nas tarefas dessa hora! Paz e esperança em nossos corações!

Maria Modesto Cravo.
Belo Horizonte, agosto de 2014.

1.

Tratando um caso de magia

"Portanto, se trouxeres a tua oferta ao altar e aí te lembrares de que teu irmão tem alguma coisa contra ti, deixa ali diante do altar a tua oferta, e vai reconciliar-te primeiro com teu irmão, e depois vem, e apresenta a tua oferta."

Mateus 5:23-24.

A nossa equipe do Hospital Esperança[1] chegou ao Grupo Espírita Fraternidade (GEF) pontualmente às dezenove horas e trinta minutos. O local estava lotado. Estavam presentes, naquela noite, José Mário[2], nosso coordenador de serviços mediúnicos, Inácio Ferreira[3]

---

1 O Hospital Esperança é uma obra de amor erguida por Eurípedes Barsanulfo no mundo espiritual. Seu objetivo é amparar os seguidores de Jesus que se deparam com aflições e culpas conscienciais após o desencarne. Informações mais detalhadas sobre o hospital podem ser encontradas no livro *Lírios de esperança*, obra de autoria espiritual de Ermance Dufaux e psicografia de Wanderley Oliveira, Editora Dufaux.

2 José Mário é o autor espiritual da trilogia composta pelos livros *Quem sabe pode muito. Quem ama pode mais, Quem perdoa liberta* e *Servidores da luz na transição planetária*, psicografada por Wanderley Oliveira, Editora Dufaux.

3 Inácio Ferreira de Oliveira (Uberaba, 15 de abril de 1904 – idem, 27 de setembro de 1988). Foi um médico psiquiatra espírita brasileiro. Observou, sem ideias preconcebidas, os diferentes fatos neuropsíquicos relacionados com os enfermos internados no *Sanatório Espírita de Uberaba*, do qual seria diretor clínico por mais de cinco décadas, tendo verificado a eficácia da terapia espírita para a cura de distúrbios mentais e/ou obsessivos. Nesse trabalho, a médium

e a equipe de defesa do irmão Ferreira[4], com mais de quarenta colaboradores.

Irmão Ferreira, também conhecido entre nós como o cangaceiro[5] do Cristo, distribuiu sua equipe de defesa às

---

dona Maria Modesto Cravo (mais conhecida como dona Modesta), o enfermeiro-chefe, Manoel Roberto da Silva, além de outros cooperadores, lhe foram de inestimável valia.

4 Lampião (Virgulino Ferreira da Silva), também conhecido pelo apelido de "Rei do Cangaço". Irmão Ferreira é excelente trabalhador das regiões abismais. Graças à sua índole corajosa e ao seu incomparável poder mental, tornou-se o que se pode chamar, segundo dona Modesta, um cangaceiro do Cristo. Tendo vivido as lides do cangaço brasileiro, pernoitou longos anos de sofrimento em psicosferas pestilenciais, adquirindo vasta experiência sobre a maneira de atuação das trevas. Após essa etapa, resgatado a pedido de Jesus e destinado a Bezerra de Menezes e Eurípedes Barsanulfo, passou a compor o esquadrão de servidores da defesa no Hospital Esperança. *Reforma íntima sem martírio*, capítulo 27, Editora Dufaux.

5 No final do século 19, surgiram no Nordeste brasileiro grupos de homens armados conhecidos como cangaceiros. Esses grupos apareceram em função, principalmente, das péssimas condições sociais da região nordestina. O latifúndio, que concentrava terra e renda nas mãos dos fazendeiros, deixava às margens da sociedade a maioria da população. Os cangaceiros, que andavam em bandos armados, espalhavam o medo pelo sertão nordestino. Promoviam saques a fazendas, atacavam comboios e chegavam a sequestrar fazendeiros para obtenção de resgates. Aqueles que respeitavam e acatavam as ordens dos cangaceiros não sofriam; pelo contrário, eram muitas vezes ajudados. O grupo mais conhecido e temido da época foi o comandado por Lampião. Seu bando atuou pelo sertão nordestino durante as décadas de 1920 e 1930. Depois do fim do bando de Lampião, os outros grupos de cangaceiros, já enfraquecidos, foram se desarticulando até o cangaço se extinguir, no final da década de 1930.

portas da casa, agregando seu contingente a quase duzentos outros colaboradores que se destacavam pelos cuidados de segurança espiritual naquela agremiação.

Informações atualizadas dos censos espirituais nos dão notícias de que o planeta Terra tem aproximadamente 35 bilhões de espíritos. Sete bilhões deles estão na vida física e 28 bilhões nas diversas faixas espirituais próximas ao planeta, divididos em vários estágios de evolução e aprimoramento.

Fazendo as contas, são quatro espíritos para cada pessoa reencarnada. Em uma casa como o GEF, com aproximadamente 180 pessoas envolvidas nas atividades, vamos ter como resultado mais de setecentos espíritos compondo a família astral daquele lugar.

As contas nem sempre são assim tão exatas, porém, com essa pequena projeção, é possível se ter uma noção do movimento intenso que existe no chamado mundo invisível em torno de uma aglomeração de forças espirituais.

A busca por tratamentos espirituais é uma das atividades que mais movimentam os trabalhos daquela casa de amor. A dor e a aflição da sociedade têm levado muitas pessoas ao encontro de Deus. A busca pela cura, pelo alívio e pela orientação é uma necessidade inquietante na humanidade. Nessas noites, com frequência, podemos contar mais de mil desencarnados envolvidos com o trabalho, entre colaboradores e necessitados de auxílio imediato.

Um centro espírita erguido em nome do Cristo é um polo de serviços e, por mais que nossas casas de amor necessitem avançar no aprimoramento de suas iniciativas, precisamos destacar sua função de condensador de forças superiores para o bem.

Nossos irmãos no GEF apresentam disposições afetivas muito ricas. O desejo de servir e de amenizar as dores humanas é um ideal de todo o grupo. São companheiros muito preparados nos estudos da doutrina e da prática mediúnica.

A equipe mediúnica do GEF, composta por dezoito membros (ou médiuns), encontrava-se em oração e concentração na sala apropriada, buscando a sintonia com nosso plano, suplicando aos benfeitores as condições necessárias para se entregarem ao trabalho com amor e devoção.

Os médiuns Paolo e Suzana eram portadores de faculdades mediúnicas extraordinárias: psicofonia, psicografia, desdobramento, magnetismo curador e outras mais. Eles representavam de alguma forma o alvo das maiores esperanças em favor do próximo. Como médiuns de incorporação, facilitavam muito nossa relação de parceria com o grupo.

Eles eram procedentes dos quadros de trabalho da Federação Espírita de seu estado, muito bem formados e com o ideal de servir no coração.

Com o tempo, não se adequando à trava das imposições rígidas dos ambientes mais formais, desligaram-se das atividades e fundaram a agremiação na qual se encontram agora em pleno e seguro exercício de suas faculdades mediúnicas com Jesus.

Iniciamos as tarefas com o estudo do Evangelho, com aproximadamente 150 pessoas no salão. Simultaneamente, em outra sala menor, os trabalhadores do grupo mediúnico deram-se as mãos e fizeram sentida prece à Maria de Nazaré, pedindo pelo trabalho da noite. Em seguida, colocaram-se ao lado das seis macas dispostas uma ao lado da outra.

Cheguei mais perto de Paolo e disse:

— Meu filho, temos um trabalho de libertação fundamental de uma moça de 28 anos, chamada Cibele. Fique atento às minhas orientações.

— Dona Modesta, estou à sua disposição. Que Jesus nos guarde em trabalho – respondeu ele mentalmente.

A primeira a entrar foi Cibele. Muito magra, foi trazida pelo carinho dos pais.

Mantendo discrição sobre minha orientação e as demais que recebeu de Inácio, Paolo deitou a moça na maca e, pela vidência mediúnica, percebeu dois minúsculos alfinetes introduzidos em meio às suas sobrancelhas que imitiam uma energia estranha. Dirigindo a palavra aos pais, sob a completa assessoria de Inácio Ferreira, Paolo disse:

— Ela está tomando muitas medicações que estão lhe fazendo mal.

— O senhor recomenda que tiremos as medicações? – indagou o pai, aflito e surpreso.

— De forma alguma, recomendo que a levem a outro médico. Os remédios estão inadequados. Alguns tipos de ansiolíticos[6] contribuem com a abertura da sensibilidade mediúnica de determinados chacras, e isso, no caso dela, é uma porta que se abre para a entrada livre dos adversários espirituais. É preciso que seja medicada por alguém mais competente e, de preferência, que tenha conhecimentos espirituais. Ela vai receber uma assistência agora, mas deverá voltar aqui mais vezes para a continuidade do tratamento. E terá um sono muito profundo esta noite.

— Nossa! Que Deus ouça o senhor, porque ela está sem dormir há mais de 72 horas!

— O que faremos aqui hoje não é uma cura. Compreendeu? – falou o médium, já completamente "tomado" por Inácio na sua mediunidade de psicofonia.

— Compreendi, sim. Posso lhe fazer uma pergunta? Como é mesmo o seu nome?

— Meu nome é Inácio Ferreira e o médium chama-se Paolo. Pode perguntar o que quiser.

— O doutor Inácio acredita que isso seja macumba?

---

6   Os ansiolíticos, se forem utilizados de maneira inadequada, podem relaxar a tenacidade da vontade, facilitando o processo obsessivo (N.E.).

— Sim, e da boa! Mas tem mais que macumba aqui.

— Meu Deus, mais que macumba? O que pode existir de pior? – falou o pai angustiado, enquanto a mãe permanecia em lágrimas pela dor da filha.

— Sua filha está doente mentalmente. É devedora perante a própria consciência. Eu vou lhe explicar isso após o tratamento. Peço agora a gentileza de se assentarem ali naquelas cadeiras, enquanto executamos o tratamento. Fiquem mais distantes, por caridade, e mantenham-se no clima da fé.

Paolo, assumido mediunicamente por Inácio, entregou-se completamente, em regime de fé incondicional.

Inácio gostava de dizer que se sentia em casa. Por várias vezes o ouvimos mencionar que incorporado em Paolo ele se sentia reencarnado por algumas horas, tamanha a fidelidade, espontaneidade e entrega do médium.

A moça ouvia tudo com uma fisionomia de medo. Depois de deitada na maca, Inácio pediu para que ela fechasse os olhos, que se mantinham arregalados e com as pupilas muito dilatadas. Doutor Inácio apertou a região lateral esquerda da cabeça de Cibele e lhe disse:

— Minha filha, vamos, feche os olhos e me responda: até quando vai se sentir culpada?

— Eu matei mesmo! – respondeu ela – E faria isso de novo, se necessário fosse, por causa do que ele me fez!

— Ele lhe traiu, é verdade, mas você acha mesmo que corrigiu a atitude dele com o ódio?

— Eu não me importo com isso! Queria vingança e tive!

— Hoje ele está aqui novamente ao seu lado. Olhe como vocês se encontraram! A vingança só traz mais mal. Você consegue perceber?

— Eu não me importo com mais nada! A vida acabou naquele dia da traição!

— Entendo. Mas veja o que acontece quando conseguimos nos desligar do passado, minha filha!

Inácio retirou os dois alfinetes da testa de Cibele com uma pinça e a moça sentiu imediata mudança.

— Minha cabeça está rodando... Eu vou desmaiar...

— Vai passar logo. Fique quietinha, enquanto faço essa cirurgia em você.

E, de repente, ela começou a se contorcer na maca com um sotaque espanhol.

— Eu não sou Cibele, sou Hanna! E não quero ser Cibele! Eu não sou daqui! Eu não quero essa vida! Eu quero voltar! Eu quero voltar!

Os pais de Cibele, embora já tivessem presenciado uma crise similar da filha, ficaram assustados. Inácio repetiu o pedido de fé a eles.

Enquanto Inácio usava as faculdades mediúnicas de Paolo, totalmente incorporado, eu desdobrei o médium, que, com rara facilidade, foi levado por mim para fora do GEF. Lá na rua, na entrada da casa, uma discussão se travava entre o irmão Ferreira e dois vampiros espirituais. Maltrapilhos e com aparência repugnante, eles ameaçavam entrar na casa para recuperar Cibele.

Paolo adiantou-se ao nosso grupo, olhou fixamente nos olhos deles e disse:

— Tome de volta o que lhes pertence! Ela está livre em nome de nosso senhor Jesus Cristo! — disse firmemente, devolvendo-lhes os alfinetes, que eram implantes tecnológicos com os quais teleguiavam a mente da jovem.

Eles se rebelaram ainda mais. Saíram escoltados pelos guardiões do grupo sob o comando de irmão Ferreira, dizendo, como de costume, que voltariam com um grupo maior e que não sabíamos a encrenca na qual estávamos entrando.

Imediatamente após a saída dos vampiros, regressamos ao interior do GEF, no plano astral, e reconduzi Paolo de volta ao seu corpo. Cibele já apresentava uma nítida melhora, porém ainda estava um pouco zonza. Voltando a si, ela falou:

— Meu Deus, onde estou? O que está acontecendo comigo? Quem são vocês? Onde estou? Pai! Mãe! — ao vê-los, ela se levantou da maca e tentou correr para abraçá-los, mas quase tombou ao chão.

Inácio então solicitou que os pais se aproximassem de Cibele e dessem as mãos a ela. E, dirigindo-se à moça, falou:

— Meu nome é Inácio. Fique tranquila. Você está sendo tratada espiritualmente, minha filha.

Paolo então regressou para mais perto de seu corpo físico, ainda assumido mediunicamente, e observava a certa distância a continuidade do tratamento. Inácio olhou nos olhos de Cibele e, solicitando à família que se aproximasse, indagou:

— Você teve objetos furtados recentemente, minha jovem?

— Como o senhor sabe disso, doutor Inácio?

— Eu não sei, só estou lhe perguntando.

— Sim, sumiram com minha bolsa há um mês, com meus documentos, cheques e objetos pessoais.

— Você está sendo alvo de magia, Cibele.

— Por isso estou louca?

— Não, a doença lhe pertence. Você traz de outras vidas compromissos conscienciais severos, sustentados por sua conduta.

— Que conduta?

— No afeto.

— Como assim, no afeto?

— Você foi muito ofendida e se atolou nos pântanos da vingança. As pendências cármicas sempre são uma sombra infeliz a atormentar a mente, minha filha. Sua doença mental nasceu aí, nas feridas dolorosas provocadas pela culpa em sua alma.

— Por isso estou sofrendo tanto assim?

— Não é o que você fez no passado que lhe perturba, mas, sim, as suas atitudes de hoje, em função desse passado infeliz. O passado se foi, passou. Entretanto, você poderia repará-lo trazendo de volta, nos braços ternos da maternidade, quem você tanto ama. Você gostaria de ser mãe?

Cibele começou a chorar convulsivamente diante da pergunta, e, com voz embargada, respondeu:

— É meu sonho! Eu tenho fixação pela ideia de ter um filho!

— Por isso está com ele?

— Ele quem?

— O homem com quem você tem saído.

— Como o senhor sabe disso? – e olhou com expressão de vergonha para os pais, que de nada sabiam.

— Eis a origem de toda a sua dor, minha filha. Você escolheu alguém comprometido e atiçou o ódio de pessoas que se sentem traídas. Você está sendo alvo de magia por total irresponsabilidade de sua parte.

— Que horrível! Eu morro de medo disso!

— Melhor que tenha mesmo, porque a vida está lhe solicitando mudança. Você está pisando em solo minado e vai precisar de apoio.

— Quem está fazendo isso contra mim?

— Não importa, Cibele. O que eu quero saber é se você tem feito algo que não gostaria que fizessem a você.

— Sim, eu sou amante de um homem casado. Tenho traído.

— E sente-se culpada.

— Muito culpada. E estou também com muito medo de tudo isso, doutor Inácio. Ajude-me!

— Você acha que eu posso ajudá-la?

— Eu não sei o que o senhor fez, eu nada entendo de Espiritismo, mas tenho a sensação clara de que nesses últimos cinco minutos voltei a ser quem eu era. Estou me sentindo leve e também muito arrependida. O senhor pode me ajudar?

— Posso sim, Cibele. Mas tudo vai depender mais de você do que de mim.

— Eu, sinceramente, quero mudar isso. Nunca senti tanta vontade de dar um basta em alguma coisa, como agora. O senhor tem toda razão, não importa quem está fazendo essas coisas contra mim, se eu estou recebendo, deve ser porque mereço.

— Não, Cibele. Você merece coisa muito melhor que isso, mas está dando condições para que o mal lhe atinja. É hora de começar uma vida nova. Sua reencarnação é muito promissora, considerando as atitudes de outras vidas.

— Eu não entendo o que posso fazer. Será importante saber o que fiz em outras vidas?

— De forma alguma. Essa vida atual é a que interessa. Ao vir aqui, hoje, você ofereceu algo a Deus para que Ele lhe ajudasse. Deixe aqui sua oferenda simbolizada pela promessa de que vai se reconciliar com sua consciência. A recomendação de Jesus é de que nos reconciliemos primeiro com as pendências registradas em nosso íntimo e, depois, apresentemos a Ele nossa oferta.

— Estou me sentindo tão decidida que, se continuar assim, sou capaz de mandar tudo às favas para fazer uma mudança. O senhor acha que devo mudar de emprego e abandonar tudo?

— Você teria coragem para fazer isso e reconciliar-se com sua consciência?

— Acho que tenho coragem para tudo, para complicar e também descomplicar. Sou muito decidida, doutor Inácio, e quando quero algo...

— Use sua capacidade, então, para decidir-se por algo melhor.

— Nem sei como me enrasquei nessa situação! Estou me sentindo muito envergonhada – e olhou para os pais que não tinham, até aquele momento, noção do que vinha acontecendo na vida particular da filha.

— Tenha perdão e paciência consigo mesma, Cibele. Aguardo você na próxima semana para a continuidade do tratamento. Enquanto isso, você será encaminhada aos passes, durante a semana, que vão lhe garantir uma dose extra de energia para suportar os dias vindouros.

Cibele estava tendo um caso com seu chefe de trabalho. Homem casado, pai de três filhos, com uma família feliz e próspera. Ele tinha o dobro da idade dela, mas a envolveu com tamanha insistência e com tantas promessas, que ela não resistiu. A esposa, porém, desconfiada do caso, contratou um detetive e descobriu a farsa. Tomada pelo ódio, conseguiu furtar a bolsa da jovem com a ajuda de um parente e pagou alta soma de dinheiro para encomendar trabalhos de goécia[7] pesada contra ela, feitos com seus objetos roubados.

Essa parte da história não foi esclarecida para ela, que também não demonstrou muito interesse em saber, o que era um sinal da sua vontade de mudar.

---

7 Atualmente a goécia é muito vinculada à magia negra. Porém, não se trata apenas de magia negra praticada por magos negros. Nos tempos idos, a goécia era um seguimento de iniciações dos povos egípcios, caldeus, assírios e dos povos da Atlântida, utilizada como forma de libertação dos desequilíbrios da psique (N.E.).

A jovem ainda seria assistida várias vezes até poder se livrar dos efeitos de sua própria semeadura. Os vampiros espirituais colocaram, em nível perispiritual, aquela aparelhagem que atuava em seu psiquismo, ativando velhas culpas na área afetiva de outras reencarnações, causando-lhe, consequentemente, o desequilíbrio mental.

Casos como esse e outros mais graves eram atendidos no GEF. Eram casos que exigiam medidas nada ortodoxas para surtir efeito e recuperação em um curto espaço de tempo. Era impossível retirar rapidamente aquela aparelhagem somente com o poder mental. Era preciso o contato com a jovem, uma fusão de forças do espírito comunicante, do médium, do ambiente, da fé dos pais e da própria necessidade da jovem. Um conjunto de fatores que, em reuniões sem esse recurso no exercício da mediunidade, não trariam êxito.

Logo após o atendimento à jovem, doutor Inácio prosseguiu incorporado, atendendo muitos outros casos. Os diversos tratamentos seguiram por mais duas horas ininterruptas. As mais esperançosas bênçãos eram espalhadas pela mediunidade com Jesus.

Quando terminamos os atendimentos no mundo físico, após uma noite de muitas bênçãos espalhadas em favor do bem, o grupo de trabalhadores que organizava os atendimentos e prestavam outros serviços se juntou ao nosso grupo mediúnico para nos ouvir em um diálogo amistoso e instrutivo.

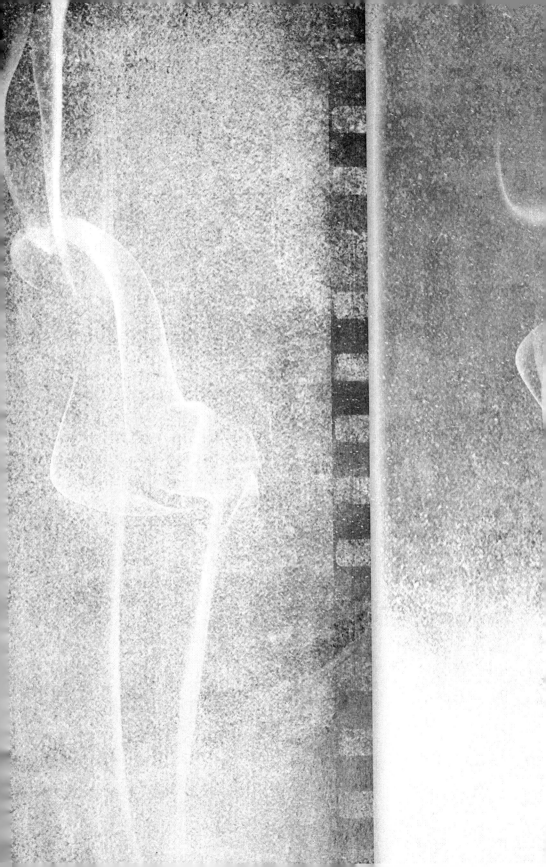

2.

Tratamentos espirituais e antigoécia

"[...]: Por que não pudemos nós expulsá-lo? E Jesus lhes disse: Por causa da vossa pouca fé [...]; Mas esta casta de demônios não se expulsa senão pela oração e pelo jejum."

Mateus 17:19-21.

No plano físico, o grupo preparou o ambiente para as novas iniciativas. Com pouco mais de 45 trabalhadores, formaram uma roda, em pé e de mãos dadas. Uma nova oração foi proferida por Paolo, agora já em estado de lucidez depois de regressar ao corpo.

Aproximei-me de Suzana, médium com um coração de ouro. Tinha 32 anos, era filha de espíritas e amava o serviço mediúnico e a prática da relação com o mundo espiritual.

Com facilidade, vinculei-me à sua faculdade psicofônica e saudei o grupo:

— Eu, Maria Modesto Cravo, abraço a todos espiritualmente, desejando paz e esperança!

O grupo, sob a condução de Elvira e Maurício, os dirigentes da casa, já estava acostumado com nossas palavras, respondendo-me com expressões de carinho. Todos se assentaram e passamos à parte dos diálogos e instruções.

— Seja muito bem-vinda ao nosso ambiente, dona Modesta! – disse Elvira, com acolhimento. Tivemos hoje muito serviço, pois cresce assustadoramente a busca por ajuda. Estamos impressionados com a procura por nossa casa.

— Imagine que, para cada pessoa aliviada e orientada no mundo físico, pelo menos mais duas ou três têm suas vidas alteradas também no mundo dos espíritos. Seus planos maléficos são interrompidos ou sua situação de dor é amenizada do lado de cá. Considerando que o GEF assistiu hoje a uma centena e meia de pessoas no plano físico, entre tratamentos, passes e palestra, do lado de cá, quase quinhentos espíritos, de alguma forma, receberam bênçãos similares. E tivemos nesta noite alguns casos que gostaríamos de destacar, considerando as necessidades futuras de amparo que estamos organizando. O caso de Cibele, por exemplo, chamou a atenção de vocês?

— Muito, dona Modesta! – respondeu Elvira. Maurício e eu estávamos trocando ideias sobre o caso e temos muitas perguntas. Doutor Inácio sempre faz esse favor de nos deixar com muitas dúvidas.

— É típico dele mesmo. Fiquem à vontade para perguntar.

— Que espécie de culpa aqueles vampiros espirituais conseguiram colocar na jovem?

— Eles não colocaram a culpa, colocaram os implantes para teleguiá-la mentalmente. A culpa é um registro da memória espiritual dela. Pertence a ela de outras vidas. Ela já foi traída e adotou a vingança como solução, infelizmente, vindo a tirar a vida de um homem que hoje a persegue no mundo espiritual.

— Ele estava em nosso ambiente?

— Hoje não, mas vamos trazê-lo à medida que ela se empenhar em seu próprio tratamento. Primeiro, queríamos retirar a interferência perniciosa dos vampiros, que são aproveitadores ocasionais. Se ela corresponder às orientações de Inácio e adotar novo procedimento, vamos cuidar dos compromissos planejados na reencarnação de Cibele, para trazer esse homem de volta pelos braços da sua maternidade.

— Esses vampiros estavam atendendo aos processos de goécia?

— Exatamente. Os objetos pessoais, que estavam na bolsa que lhe foi roubada, foram usados em rituais de magia. Fotos da carteira de identidade e de outros documentos foram arrancadas; seus óculos e outros pertences foram usados como condensadores energéticos potentes e de efeito imediato no seu campo mental.

— Perdoe-me a ingenuidade, dona Modesta, mas como a senhora fica sabendo de tantas coisas, se abraça outras tantas responsabilidades no mundo espiritual? Até hoje tudo que lhe perguntamos foi confirmado com exatidão, o que nos impressiona. Parece que vocês, fora do corpo, se tornam oniscientes, com uma capacidade de saber tudo. É verdade?

— Somos mais livres para exercer esse dom fora da matéria, com certeza. Entretanto, algumas informações são obtidas na hora por parte das entidades que acompanham os assistidos. Cibele, por exemplo, veio acompanhada de seu avô Raul. Ele noticiou tudo que vinha acontecendo com ela e tem acompanhado o caso minuciosamente. Foi por intercessão dele que ela chegou aqui.

— A atitude de Cibele, adotando a traição conjugal com seu chefe, é o canal para a doença psíquica que a abate?

— Eu diria que a traição que ela tanto condenou no passado, em relação a outra pessoa, chegando ao ponto de tirar-lhe a vida, é ainda hoje uma explosão de revolta e ódio que permanece em sua alma. Essa revolta, misturada com a culpa, é a abertura para a perturbação psíquica que ela sofre. É um quadro depressivo em progressão rápida. Sua imunidade energética está baixíssima, permitindo os ataques espirituais e o descontrole de suas próprias emoções. Hoje ela cobra do chefe as promessas feitas pelo parceiro do passado, em torno das aspirações de união, família e felicidade, só que começa a perceber a ilusão a que se submeteu. Sua revolta é um misto dos contextos do presente e do passado, fazendo com que ela se sinta novamente traída.

— Se ela não tivesse a culpa do passado, essa magia feita contra ela seria tão ofensiva?

— Certamente não. Existem fatores que interferem na dinâmica da magia. Ela depende de três aspectos principais: a habilidade do feiticeiro ou mago encarnado, a presença de condensadores energéticos e a condição íntima do alvo.

Essa habilidade do feiticeiro ou manipulador de forças no plano físico faz enorme diferença. Existem pessoas muito bem preparadas para esse direcionamento de energias. São profundas conhecedoras da magia e contam com uma assessoria espiritual de magos negros. Isso as torna mais aptas a intercederem nos processos de goécia.

Esse agente emissor é capaz de orientar com maior precisão o contratante sobre os serviços adequados para se obter os resultados esperados. Ele também escolhe, dentro da sua ótica de eficácia, os rituais mais propícios aos pedidos. Há quem defenda uma divisão de nomenclatura, chamando de magos essas pessoas mais hábeis e de feiticeiros, os aprendizes, mas não adotamos aqui essa diferença. No caso de Cibele, ela foi alvo certeiro de tais forças. A esposa de seu chefe a odeia e contratou o que havia de mais caro em serviços de despacho e encruzilhada, sob orientação de um mago encarnado das fileiras da quimbanda.

Os condensadores, no caso de Cibele, são os objetos roubados que potencializaram bastante a manipulação astral e também a fixação dos implantes colocados pelos vampiros. Além disso, poucas pessoas reconhecem outro gênero de condensadores que, a rigor, são os que mais interferem nos processos de goécia: os registros cármicos contidos na memória do corpo mental inferior. Somente magos negros do plano espiritual com muito conhecimento conseguem detectar, com seu poder mental ou com aparelhos especiais, a existência desses registros. No caso de Cibele, essa "leitura cármica" foi realizada.

No caso em pauta, os condensadores são os fatores mais graves e os que melhor atendem aos objetivos inferiores da goécia. Mais uma vez temos que referendar a habilidade do feiticeiro ou mago encarnado, que conta com os parceiros do plano espiritual para usar tamanhos recursos da magia.

A conduta atual do alvo a ser atingido é outro fator fundamental. Cibele está perturbada por várias situações fora do seu controle, teme os acontecimentos terríveis que começam a tomar conta de sua tela mental diante da recusa do amante em atender-lhe os interesses de promoção no trabalho e sonhos afetivos. Sente medo, revolta, culpa e decepção. Possui caminhos mentais, já pavimentados no passado, que favoreçem sua fragilidade energética e emocional. Seus chacras cardíaco e solar estão quase em completo desequilíbrio, e o chacra frontal acolheu com facilidade os implantes dos vampiros espirituais, instalando o desarranjo mental.

— Quer dizer que, sem o sentimento de culpa, ela estaria sujeita somente à habilidade do feiticeiro e ao seu estado íntimo?

— Os vampiros assalariados que trabalham sob as ordens dos magos negros que assessoram o feiticeiro encarnado não encontrariam campo para os implantes, nesse caso, em função da ausência da culpa, mas poderiam usar outros sentimentos inferiores como alvo. Os condensadores, então, seriam somente os objetos roubados, que sozinhos não garantem eficácia da intervenção. Quase sempre não são mencionados esses registros nos corpos sutis em assuntos de goécia; no entanto, eles costumam ser os que mais determinam os acontecimentos.

Assim que respondi às perguntas de Elvira, o dirigente Maurício interveio com sua fala:

— Dona Modesta, agradeço seu carinho em nos responder.

— Passo com alegria, meu filho, aquilo que aprendi.

— Eu queria saber da senhora o seguinte: por vezes preocupa-me a condição de segurança do nosso grupo diante de casos como esses. Se Cibele foi alvo de tão hábil contrato de serviços inferiores, fico pensando que teremos como inimigos o feiticeiro, seus assessores e os vínculos que estão contra a iniciativa de nossa casa nos trabalhos cristãos e espirituais. Como nos proteger disso, dona Modesta? Em outros atendimentos parecidos, nosso grupo passou maus pedaços.

— Os grupos chamados a esse gênero de trabalhos, Maurício, recebem proteção especial. Mesmo assumindo a condição de inimigos do trabalho do bem, essas entidades não são as que guardam maior interesse em se vingar de quem interfere em seus planos. Hoje estamos aqui atuando em um dos seus trabalhos de goécia, desfazendo os caminhos do mal, mas é apenas um dos trabalhos deles. Eles têm centenas de outros; a reputação e a divulgação de suas atividades não serão prejudicadas por uma iniciativa sob intercessão do Alto. Os casos que mais trazem revanchismo e reação espiritual não são estes, embora em uma ou outra iniciativa possa ocorrer uma reação de revide.

— E quais seriam então os casos de maior revanchismo?

— As situações que apresentam maior possibilidade de pressões espirituais contrárias são as que dizem respeito às falanges organizadas. Trabalho que ainda queremos ampliar nessa casa brevemente, dependendo, é claro, da intensificação de nossa parceria.

— Nossa, dona Modesta! Será que estamos prontos para isso? Mexer com falanges da maldade?

— Qual de nós se encontra pronto? Servimos com o desejo de ser útil e aprender; entretanto, como ressaltei, nossa parceria necessita de algumas conquistas para adentrarmos nessa faixa de serviços.

— E que conquistas são essas, dona Modesta? Diga para vermos se estão ao nosso alcance.

— A primeira é a condição interior dos médiuns e trabalhadores. Todo médium que trabalha com Jesus deve ter como referência de êxito a sua quietude interior. Quanto mais quietude interior, mais chances temos de chegar até o campo mental de vocês, e isso nos permite melhores condições para a proteção e o acesso aos seus corações.

Quietude interior é o resultado de um vínculo mais sólido e verdadeiro com a luz divina que está depositada em cada um de nós. Algumas recomendações importantes para que o médium e os servidores da mediunidade possam escalar essa montanha de desafios são: persistência no trabalho para aprimorar sua experiência, muita disciplina na vida, fazer da oração um hábito para asseio dos pensamentos, alfabetizar-se para entender as mensagens da sua vida emocional, aplicar com dignidade as energias da sexualidade e construir relações afetivas saudáveis.

Nesse receituário bendito, se você estudar com atenção, verá que se encontram todos os elementos necessários para educar a maior inimiga da paz interior: a vaidade, que, sem dúvida, pode ser comparada a um furacão capaz de exterminar com todas as possibilidades de serenidade interior e organização da vida mental. Todas essas recomendações, enfim, encerram um golpe de morte no apego ao ego.

Serenidade é a conexão com nossa melhor parte, é uma ligação livre e de bons efeitos com a nossa luz interior. Quietude interior é o solo fértil sobre o qual são plantadas as sementes enriquecedoras que multiplicarão os frutos dos planos superiores. Sem quietude, não existe disponibilidade mental. Sem disponibilidade mental, não existe sintonia. E sem sintonia, não há plantação mediúnica, proteção e laços consistentes.

— E a segunda conquista, qual é, dona Modesta?

— Uma convivência harmoniosa na equipe de trabalhadores, construída com laços afetivos inspirados na autenticidade, na humildade e no perdão.

Em nosso plano, aliás, essa imunização espiritual por meio de relacionamentos saudáveis e ricos de afetividade é considerada a principal fonte de proteção de qualquer casa que se erga em nome do Cristo.

Com essas relações, encontramos a energia da concórdia e da alegria como forças abundantes que nos permitem multiplicar os recursos do amparo e da orientação espiritual, precisa e eficaz.

Kardec, em *O livro dos médiuns*, capítulo 21, item 233, já ressaltou essa conquista como primordial: "Em resumo: as condições do meio serão tanto melhores quanto mais homogeneidade houver para o bem, mais sentimentos puros e elevados, mais desejo sincero de instrução, sem ideias preconcebidas.".

— E a senhora acha mesmo que um dia o GEF dará conta de tarefa de tal envergadura?

— Nossa equipe espiritual passou vários anos ao lado de vocês, sempre com o intuito de ampliar esse raio de trabalho para realizações desse porte, colaborando para que conquistem esse dois recursos fundamentais de imunização.

Nossa parceria vem alcançando níveis muito produtivos de lealdade e confiança com vocês. Desejamos uma relação de amor e maturidade entre nós na busca da Verdade. Creio que este seja também o anseio de vocês nas vivências do corpo físico.

Nosso maior objetivo, em tempos de regeneração para a maioridade espiritual do planeta Terra, é auxiliá-los no alcance da maturidade no trato com as questões do intercâmbio entre os mundos físico e espiritual. E, para que isso ocorra, as frentes de serviço necessitam ampliar seu leque de experiência.

Os grupos mediúnicos sérios, assim como os médiuns que se candidatam a essa promoção no trabalho, são avaliados de dez em dez anos. Simbolicamente, o "vestibular" dos aprendizes da mediunidade é realizado de década em década. Se o grupo ou o médium supera as lições de cada etapa, alcança melhores condições de sensibilidade para o trabalho e, igualmente, concessões especiais de proteção.

Muitos médiuns não querem disciplina, compromisso e humildade no exercício da sua faculdade espiritual. Por essa razão, compreendemos os dirigentes que, muitas vezes, são rigorosos e exigem muito dos médiuns, pois, do contrário, é só vaidade, delírio em suas produções mediúnicas e melindres.

Também não deixa de ser verdade que há muitos médiuns que estão prontos para expressar uma opinião pessoal e se impor mais em sua atividade, e acabam sendo marionetes nas mãos de todos, acreditando que ser médium é nunca ter uma opinião pessoal sobre sua própria tarefa. Resultado: acabam desanimando e abandonando tudo em um louco estado mental de confusão.

As condições de afinidade entre os membros da equipe encarnada são de fundamental importância, e por essa razão consideramos esse ponto como prioritário aos serviços em nome do Cristo.

Nosso projeto de amor para ampliar os benefícios desse trabalho mediúnico a outros campos mais amplos não visa somente atender ao sofrimento dos que padecem à obsessão complexa decorrente das ações de organizações do mal. Sobretudo, ao matriculá-los nesse serviço delicado, estamos igualmente concedendo-lhes a oportunidade de crescimento e solidez na conquista de seus valores eternos no campo do espírito. É um aprendizado muito vasto e libertador de consciências.

— Ai, dona Modesta! Vou deixar que outros do grupo falem, porque eu me sinto muito incapaz diante de sua fala.

— Como você se sente diante da proposta, Maurício? Fale por você. Seja sincero e depois ouvimos o grupo.

— Embora deseje ardentemente a oportunidade, há alguns pontos que não consigo esconder de ninguém. Já os apresentei várias vezes ao grupo.

Eu sinto saudades da nossa atividade como era há quatro anos, antes da adesão dos novos médiuns que deram outros rumos ao trabalho com a assistência de vocês.

Confesso minha alegria em ser útil a tantas pessoas, mas me pergunto se é mesmo esse o objetivo da mediunidade e o caminho a seguir. Aprendi que mediunidade é para ser utilizada em benefício dos espíritos desencarnados e, mesmo vendo tantos resultados positivos com nossa atividade, algo me incomoda profundamente.

— Do que se trata, Maurício? Seja franco. Isso será bom para todos nós.

— O GEF, desde a adesão a essas novas frentes de serviço de tratamento espiritual, passou a ser muito criticado pelos órgãos oficiais do Espiritismo.

Em várias reuniões da entidade unificadora de nossa cidade, chamaram minha atenção. Tento contemporizar, mas a cada dia surgem mais notícias que me deixam inseguro sobre os rumos que seguimos. Para ser franco, estou dividido e fazendo um esforço enorme para aderir a essa nova ordem de práticas e ideias.

— Sou grata pela sua honestidade. Isso é muito valoroso nos serviços do Cristo.

Eu gostaria que você me respondesse, com a mesma sinceridade: você quer servir aos órgãos oficiais ou ao Cristo?

— Ai, que pergunta é esta, dona Modesta? Acho incompreensível essa divisão.

— Você está querendo servir a dois senhores, meu filho. Usando da mesma sinceridade, o que tenho a lhe dizer é que isto é impossível. São caminhos e aprendizados distintos.

— A senhora acha, então, que as entidades unificadoras não são serviços do Cristo?

— Claro que são! Entretanto, são ambientes que atendem a necessidades distintas, tanto com relação ao trabalho quanto no que diz respeito às diversas necessidades de seus colaboradores.

A comunidade espírita, em sua maior abrangência, reúne espíritos com lutas concienciais muito graves nas questões exteriores da religião. Somos aquele filho pródigo da passagem evangélica fazendo o caminho de volta para o Pai, em busca de nossa própria redenção.

Essa divisão de formas de trabalhar já aconteceu na Casa do Caminho em Jerusalém, que, tomada pelo artificialismo do judaísmo reinante daquele tempo, impôs a Tiago uma atuação diplomática para proteger os trabalhos, enquanto Paulo de Tarso foi a melhor representação do servidor corajoso e ousado, disposto a enfrentar os padrões para servir a Jesus e sua causa.

O movimento espírita mais ortodoxo é uma escola preparatória que renova principalmente a forma de pensar dos aprendizes nele inseridos. Esse é o primeiro passo. Entretanto, com oportunidades como as que experimentamos aqui, estamos tendo a lição do aprimoramento pelo coração.

Vejo tais escolas como complementares e, se pensarmos bem, nem há tanta divisão. Existem escolhas diferentes por aprendizados que cada um necessita. Em ambas, havendo a presença da atitude de amor, a luz do Cristo brilhará.

— Mas os órgãos oficiais já chegaram a pedir o desligamento formal de nossa casa, que é adesa aos movimentos de unificação. Eles entendem que estamos seguindo uma direção errada doutrinariamente.

— Que movimento de unificação é esse, meu filho, que não une os diferentes?

Quando nós, os mais ousados, ou quando eles, os mais ortodoxos, adotamos a postura da exclusão, da indiferença, do zelo excessivo e do autoritarismo, passamos uma declaração incontestável de que não estamos honrando a essência.

Não importa se estamos aqui nas frentes mais abertas de serviço ou se lá nos ambientes mais formais. O que importa é que estejamos com as lições sublimes do Evangelho em prática.

Um órgão que exclui uma casa porque ela não se enquadra nos padrões que ele acredita ser os padrões do Cristo apenas repete as velhas atitudes de desamor e separatismo religioso de outros tempos, impondo-se uma tarefa que não compete a nenhum de nós.

— Eu me sentiria mais seguro com o aval deles.

— Nosso único aval na obra do Cristo, meu irmão, é a nossa consciência.

— Eu me sinto muito cobrado, dona Modesta. Talvez, para vocês que estão no mundo espiritual, as coisas sejam mais fáceis nesse sentido. Aqui no plano físico existe muita divisão.

— Eu lhe entendo. Apenas peço que recorra à sua memória. Foi pelo coração que você entrou nessa tarefa. Sua esposa foi a primeira beneficiada com os recursos da misericórdia divina. Lembra-se disso?

— Sim, e sou muito grato por isso. Quando penso nas pessoas e em suas dores e o quanto elas recebem desta casa, acredito que seja esse o motivo que ainda me mantém disposto a continuar. Mesmo assim, sinto que fui "atropelado" há quatro anos e ainda não me recuperei. Por essa razão eu exponho minha dúvida. Vou deixar de falar pelo grupo, mas, falando por mim, eu não sei se estou pronto para ir além. Essa nova proposta vai ter de ser muito discutida entre nós.

— Acho muito saudável essa discussão, Maurício. Ao tratarmos do assunto com vocês, não queremos uma resposta imediata. Apenas lançamos a semente.

Guardando sinceridade fraterna, Maurício calou-se pensativo e um tanto tenso diante da minha fala, enquanto Elvira, a outra dirigente do GEF, manifestou-se:

— De alguma forma, dona Modesta, sinto o mesmo que Maurício. Sei lá, parece que nós, dirigentes, somos muito racionais. Normalmente, os médiuns se entregam mais. E eu faço o mesmo questionamento: será que estamos prontos?

— Ter prontidão é muito diferente de estar pronto. Nossa proposta não é apenas um convite para uma nova frente de labor, mas uma promoção sujeita a desafios e lutas. Ninguém deve assumir uma responsabilidade com excesso de certeza, como também ninguém deve abandoná-la sem um exame em grupo, com muita honestidade e reconhecimento de seus limites.

Os aprendizes deste complexo trabalho devem construir a sagrada noção da oportunidade na qual se inserem. Matricular-se nessa escola de socorro significa oferecer-se ao sublime ministério de sacrificar-se pelos que padecem nas dores acerbas em ambos os planos da vida. Envolver-se em prol dos interesses espirituais que unem almas em desalinho nos tristes quadros da dor significa cumprir gloriosa missão imunizadora em regiões assoladas por epidemias mortificantes ou ingressar em atoleiros infecciosos à procura de diamantes atirados aos leitos da imundície e da crueldade. Consideremo-la também como um tratamento psicoterápico de profundidade à luz do Evangelho.

Compreendo seu temor, minha filha, e prefiro que mantenham essa cautela a respeito de si mesmos, embora a nossa equipe espiritual guarde a esperança de que aceitem as novas lições.

— A senhora pode nos dizer se outros grupos espíritas já assumiram esse compromisso? Como eles se encontram hoje?

— Centenas de grupos estão cadastrados no Hospital Esperança e já realizam esse gênero de tarefa pelo Brasil afora.

— Que nome daremos a essa tarefa?

— Ela não precisa de um nome. Entre nós, porém, por costume e também porque representa um ideal a ser consolidado no mundo físico, a chamamos de "Espiritismo com espíritos".

— E como se encontram esses companheiros que assumiram essa tarefa?

— A maioria está dando conta do serviço e superando as lutas decorrentes da tarefa.

— E existe algum ponto em que não estejam se saindo bem?

— Sim, existe. Exatamente na questão da convivência fraterna que, como citei a vocês, é um dos dois maiores desafios nessa atividade.

— Esse é meu temor... – disse Elvira em tom melancólico, como se transferisse uma queixa a alguém do grupo.

— Qual de nós, minha filha, não teme nesse setor a dificuldade de viver as lições do Evangelho?

— Para ser franca com a senhora, eu acho o povo muito viciado em maca e espíritos. Acho que, se estudassem mais, dariam conta de suas lutas com mais tranquilidade e êxito.

— Nos dias atuais, Elvira, as multidões estão mais carentes e famintas de conforto do que de esclarecimentos. Uma dose de carinho e acolhimento pode ser muito mais impactante do que anos de filosofia espírita. São muitos os aprendizados novos, não é mesmo?

Desejosas de aprender e de valorizar a ocasião, várias pessoas, a um só tempo, falaram entre si do quanto seria bom trabalhar dessa forma. Até que Irineu, um dos colaboradores, insistiu na pergunta:

— Eu só gostaria de voltar ao assunto da nossa proteção, dona Modesta. Posso?

— Irineu, vou fazer uma proposta mais interessante a vocês do que a de continuar nesse enfoque. Já que andam tão preocupados com isso, que tal marcarmos uma conversa entre vocês e o irmão Ferreira, que cuida das linhas de defesa do Hospital Esperança?

O grupo reagiu muito favoravelmente a minha sugestão. Ficou estabelecido que iriam discutir entre eles as considerações sobre a nova tarefa e que, posteriormente, teriam uma conversa com Ferreira.

E, para encerrar os diálogos instrutivos daquela noite, recordei-lhes a passagem na qual os discípulos perguntam a Jesus por que eles não conseguiram expulsar um demônio. Ele lhes respondeu que essa casta de espíritos só pode ser atingida com muita oração e jejum.

A oração da conduta reta que nos leva à consciência tranquila e o jejum da arrogância que nos fascina imperceptivelmente são caminhos para a serenidade e o segredo para a convivência resguardada das nossas projeções sombrias.

A recomendação do mestre é a melhor indicativa de proteção para quantos se afeiçoam às trincheiras de serviço nesse momento decisivo no planeta. Oração para nos conectar com as forças maiores e jejum de tudo aquilo que pode ainda nos colocar em sintonia com as trevas de dentro e de fora.

3.

Desdobramento pelo sono – alertas

"Eis que vos envio como ovelhas ao meio de lobos;
portanto, sede prudentes como as serpentes e
inofensivos como as pombas."

Mateus 10:16.

As atividades noturnas do GEF haviam terminado pontualmente às 23 horas. Os amigos encarnados despediam-se apressadamente à porta para retornarem aos seus lares. Somente permaneceram nas instalações Maurício, Suzana e Elvira, a pedido de Paolo, que queria lhes fazer um convite particular.

— Desculpem, amigos, eu deveria ter lhes procurado antes, mas as muitas tarefas me impediram. Realizarei um encontro no próximo sábado em minha residência, e gostaria imensamente de contar com a presença de vocês três, representando o nosso grupo espírita. Aqui neste cartão – e distribuiu um envelope a cada um – consta meu endereço e a hora em que vamos nos reunir.

— É seu aniversário? – perguntou espontaneamente Suzana, sorridente.

— Não, Suzana, não é. Chegou o momento de contar-lhes sobre uma parte da minha vida que vocês ainda não conhecem. Não vejo mais como deixá-los de fora desse meu mundo particular, considerando que nossa amizade e confiança crescem a cada dia. Em verdade, é uma cerimônia íntima, para poucas pessoas, na qual pretendo formalizar a data de meu casamento com meu namorado Carlos. É um casamento *gay*. Eu conto muito com a presença de vocês. Será uma honra para mim ver a minha família, os amigos da empresa e os companheiros do centro espírita reunidos.

— Que legal! Muito bom! Eu já confirmo com você agora – respondeu Suzana.

— Elvira e Maurício, posso contar com vocês?

— De minha parte, não acho que tenha nenhum problema – respondeu Elvira.

— Da minha também acredito que não haja empecilhos – falou Maurício, um tanto sem jeito e surpreendido com a notícia.

Muito rapidamente fecharam a casa e se despediram, seguindo cada um para sua residência. Como era costume Elvira pegar carona com Maurício, foram comentando:

— Eu sempre achei que tinha algo de diferente nesse rapaz, Elvira!

— Estou engasgada com a notícia! Jamais poderia imaginar! Um rapaz tão bonito, tão masculino e belo, e *gay*. Você pretende mesmo ir a um tipo de evento desses?

— Elvira, minha cabeça está dando mil voltas, mas uma coisa lhe garanto: não perco essa oportunidade de jeito nenhum! Quero ver isso de perto.

— Então vou com você. Pode me dar uma carona no sábado? Com certeza, faço questão de estar ao seu lado. Precisamos tirar isso a limpo. Deus! Estou chocada!

A equipe espiritual do Hospital Esperança, composta por José Mario, Inácio, irmão Ferreira e os demais colaboradores, dividiram-se para acompanhar os integrantes do grupo no regresso seguro aos seus lares.

Regressei ao hospital para preparar outras iniciativas de socorro e amparo. Paolo e Suzana, médiuns do GEF, participariam, pelo desdobramento durante o sono, da tarefa de amparo na câmara de ovoides, oportunidade na qual queria lhes endereçar alguns alertas pessoais.

Na ocasião, as câmaras que abrigavam os ovoides, espíritos que perderam sua forma perispiritual, contavam com centenas de casos promissores de recuperação. O Hospital Esperança é referência em tratamentos dessa natureza. Uma ala destinada a cirurgias delicadas foi criada com todas as condições para que os encarnados, em condições apropriadas, pudessem participar ativamente do tratamento.

A energia doada por médiuns encarnados, em desdobramento, age como uma medicação essencial. O simples contato com o perispírito do médium, potencializado pelas energias físicas do corpo, propicia maior capacidade de ativar energeticamente, no vibrião, as células regeneradoras da forma humana perdida no seu corpo mental.

Já passava de meia-noite quando Suzana, Paolo e dezenas de médiuns desdobrados, vindos de diversas tarefas no mundo físico, chegavam em companhia de seus tutores espirituais.

Macas comuns eram dispostas ao lado das pequenas câmaras de regeneração que abrigam os ovoides. Elas não passavam de sessenta centímetros de comprimento por quarenta de largura. Os médiuns se deitam nas macas e, em torno dela, aproximadamente, quatro pequenas câmaras são posicionadas. Cada médium pode fornecer fluidos mais densos para até quatro tratamentos. Os médiuns recebiam nas mãos e nos pés delicadas agulhas conectadas a finas mangueiras que transportam o fluido, em um processo muito similar ao da transfusão de sangue do mundo físico.

Cheguei ao lado de Paolo, que guardava plena consciência durante o desdobramento, e puxei a conversa.

— Jesus o proteja pela sua dedicação!

— Sou eu que agradeço a senhora por poder ser útil à dor humana. Ter sua companhia ao meu lado é para mim motivo de segurança e alegria.

— Meu filho, enquanto você participa da doação de ectoplasma, gostaria de lhe trazer uma reflexão sobre as tarefas no GEF.

— Sim, dona Modesta, estou de coração aberto.

— O GEF vem cumprindo com desenvoltura os projetos de assistência em favor do próximo apesar do jugo da obsessão e das sombras no astral. Poucos são os grupos mediúnicos que atenderam aos chamados das esferas espirituais do Mais Alto para a realização dessa tarefa, que exige muito desprendimento e doação. Evidentemente, como sempre acontece aos grupos que mergulham nos ambientes da dor e da tormenta para levar a luz, sempre existe a reação daqueles que se sentem agredidos com os serviços do Alto.

Temos nos esforçado com as equipes para contornar obstáculos e oferecer a proteção justa a todos que se prontificaram a servir nessa tarefa. Ainda assim, como é natural, muitas portas de invigilância não são fechadas devido ao aprendizado inerente a quem se encontra matriculado nesse aprendizado de amor.

Na atualidade, raríssimos grupos mediúnicos conseguiram construir uma relação de confiança sólida e capaz de suportar as mais duras adversidades dos testemunhos morais e espirituais nos roteiros da compreensão e do apoio mútuo. Quase sempre o melindre e a mágoa geram na mente dos trabalhadores lastimáveis e estéreis conflitos de opinião e pontos de vista.

A advertência de Jesus é mais que oportuna às nossas reflexões deste momento, quando diz que nos envia como ovelhas ao meio de lobos e nos recomenda sagacidade e mansidão. Quanto menos confiança houver nas relações, mais prudência será exigida da conduta pessoal.

Nossos companheiros de ideal no mundo físico, junto às fileiras do Espiritismo com Jesus, atravessam um momento de inevitáveis transformações. As referências conceituais a respeito de fundamentos espíritas ou de modelos de trabalho estão em plena evolução. Existem aqueles mais conservadores no modo de pensar, enquanto um grupo enorme e crescente de formadores de opinião avançam destemidamente para a criação de novas e necessárias rotas de trabalho e a condução dos ideais da doutrina. Em meio a essa crise necessária à quebra de paradigmas, tornam-se inevitáveis os choques de opinião.

Nossos ideais mais nobres e sinceros são como ovelhas em meio ao ambiente cercado por lobos vorazes, que se escondem em nossa própria intimidade. Lobos aqui representados pelo preconceito, pela incapacidade de amar os diferentes e pela nossa distância da lei do amor vivido e praticado.

Por essa razão, depois de vários exames realizados em nossas equipes de assistência no Hospital Esperança, viemos pedir muita prudência a você e a todos os médiuns nas mais diversas instituições doutrinárias.

A mansidão das pombas não pode ser confundida com a ingenuidade nos relacionamentos. A pretexto de confiar nos irmãos de ideal, acautele-se com seus costumes, para que você não seja surpreendido pelas dificuldades que mencionei. Existe muito preconceito e arrogância, expressões sombrias dos lobos vorazes camuflados na pele de ovelhas, que nada mais são que verniz social que não resiste ao toque dos testes morais mais nobres no terreno do amor incondicional.

Paolo mantinha-se atento e preocupado com minha fala, enquanto fazia sua doação de ectoplasma aos ovoides deitado na maca. E, inquieto, indagou:

— A senhora acha que meu procedimento está extrapolando de alguma forma?

— Você confia demais, Paolo. Tem um coração bom. Terá que aprender a ser mais discreto em relação à sua vida pessoal.

— A senhora poderia ser mais clara? Tem algo a ver com os questionamentos de Maurício hoje em nossa tarefa?

— Ainda não posso falar. Apenas retenha na sua tela mental o meu pedido. E guarde-se nos cuidados necessários. Não sinta minha fala como algo dirigido exclusivamente a você. Em verdade, todo grupo que se organiza nas lides cristãs, desde os primeiros momentos do colégio apostólico com Jesus, é testado em seus anseios de luz por meio da conivência. Pedro negou, Judas traiu e nós, que somos candidatos ao serviço do amor, não possuímos aptidões que nos assegurem melhor conduta. Ao regressar ao corpo, guarde apenas o sentimento de cautela e reserva relacionado a assuntos pessoais. Os julgamentos entre religiosos costumam ser os mais cruéis. Compreendeu?

— Sim, dona Modesta, vigiarei meus impulsos.

Deixei Paolo no cumprimento de sua tarefa e passei por várias macas, fortalecendo os ideais daqueles médiuns, até chegar à Suzana, que disciplinadamente oferecia seu fluido animal àquela atividade.

— Querida Suzana, Jesus lhe proteja, minha filha!

— Dona Modesta, mãe bendita, permita-me beijar sua mão. Que alegria ter hoje a sua presença em nossa tarefa!

— Sempre que posso, aqui estou. Hoje vim trazer algumas recomendações a diversos médiuns.

— Se tiver algo para mim, por favor, fale sem rodeios, dona Modesta.

— Tenho sim, Suzana. Nosso querido amigo, José Mário, que coordena inúmeras responsabilidades na esfera da mediunidade aqui no hospital, tem acompanhado de perto as abençoadas frentes de serviço do GEF. Ele próprio já lhe trouxe apontamentos preciosos sobre esse assunto, mas julgou que eu, tida como mãe afetiva, seria mais indicada a lhe trazer algumas reflexões.

Seus esforços legítimos como médium são como instrumentos valorosos no serviço do bem. Mais que justo que o próprio médium também se beneficie daquilo que oferece. Seus desafios como mãe de adolescentes são provas de aperfeiçoamento para os seus dias.

Com essa sua mediunidade saneadora, o típico "médium-esponja" como se denomina no meio espírita, seus cuidados na conduta emocional exigem muita disciplina sobre suas características de mulher controladora que ultrapassa muito os limites da mãe zelosa e cuidadora.

A pessoa controladora tem um tipo emocional que absorve tudo o que é dos outros para si. Ao fazer o movimento íntimo de podar, vigiar e manter sob vigília com excessiva intensidade a vida de quem ama, o controlador puxa para si o peso das lutas alheias como se mantivesse uma "coleira" afetiva sobre as pessoas. Por meio dessa conexão enfermiça, carrega em sua aura espessa camada de potencial energético pertencente ao outro. Não será exagero definir essa relação simbiótica, de troca e intercâmbio, como um "vampirismo materno". E ao seu potencial energético emocional ainda se soma seu poder mediúnico, que funciona como uma força adicional, potencializando sua sensibilidade relacionada a todas as sensações decorrentes desse processo. Daí surge sua condição de esgotamento e inquietude para o descanso necessário e o cumprimento do dever que, genuinamente, lhe compete.

Você está vivendo um processo emocional de simbiose afetiva controladora, com sua conduta emocional, agravado pela sua qualidade mediúnica saneadora.

— Dona Modesta, confesso, estou assustada! Que fazer com essa índole de mãe coruja?

— Educar-se, minha filha! As mães não estão prontas. Ao se tornarem mães, apenas iniciam um curso de aprendizagem intensa e de longa duração.

— Que estranho, dona Modesta!

— Diga, Suzana.

— Ouvindo a senhora falar, fico com uma sensação de vazio em relação aos cursos que fiz para o exercício da mediunidade no GEF. Aprendi a orar, a me concentrar; conheci todos os tipos de trabalho mediúnico, como os cuidados de conduta física do médium; estudei profundamente a obsessão, entre outros temas profundos de preparação, e, de repente, quando a senhora, com todo seu carinho, me adverte sobre esse meu lado controlador, tenho a sensação de que nada do que aprendi valeu a pena ou me ajudou.

— Você não deixa de ter razão, Suzana; conquanto, não devemos ser tão exigentes. Os cursos auxiliam e são fundamentais. A questão é que poucos são os médiuns que já perceberam ou estão sensíveis aos novos quesitos para o exercício mediúnico em tempos de regeneração. Mais que preparo intelectual, as organizações do Espiritismo cristão que almejam melhores resultados na preparação de seus colaboradores haverão de se lançar a esforços que visem a um aprimoramento da maturidade emocional dos médiuns e cooperadores do serviço. Os tempos são outros. Os modelos de trabalho da seara passarão por profundas revisões conceituais, considerando o progresso já obtido na relação do mundo físico com o mundo espiritual. A regeneração na Terra atingirá igualmente a comunidade espírita, que será convocada a reexaminar seus caminhos, não só na mediunidade.

— Eu jamais pensei nesse aspecto e, mesmo estudando as orientações morais de *O Evangelho segundo o Espiritismo*, tenho a nítida sensação de que pulei esse capítulo sobre a mania de querer controlar tudo. Eu confundo muito obrigação com controle. Minhas filhas já não estão me suportando mais, e meu marido, sei lá, acho que já desistiu. A senhora poderia clarear o assunto em minha mente, para que eu possa fazer algo por mim mesma, querida mãe?

— Peça demissão do cargo de Deus. Pare de tentar controlar a tudo e a todos. A vida é para ser vivida e não vigiada, fiscalizada.

Siga seu caminho. Liberte-se da ânsia improdutiva e arrogante de atingir suas metas pessoais em relação a pessoas e situações. Faça seu melhor. Só isso. O que tiver de ser, será. Deixa esse SERÁ para Deus, que não é você. Para Deus, que verdadeiramente tem competência e vontade sábia para fazer aquilo que não cabe a você fazê-lo.

As pessoas controladoras tentam controlar a realidade e o passado, para abafar a dor da mágoa e das contrariedades que lhe feriram o coração. Jogam para baixo do tapete o que sentem. E tentam controlar o futuro, querendo prever e remediar todas as possibilidades de acontecimentos indesejáveis. Fazem-se de malabaristas, tentando equilibrar o universo.

Na verdade, os controladores são perfeccionistas, idealizam a vida e as pessoas o tempo todo, querem tudo a seu modo. Não há outra palavra para defini-los: são egoístas refinados e inteligentes, tentando tomar conta de tudo. Fogem o tempo todo da realidade porque sentem muito medo. Medo de que aconteçam coisas que eles não gostariam que acontecessem. Não são pessoas más, são escravas de um vício milenar, que é o egoísmo de querer tudo do seu jeito.

A realidade não é para ser controlada, é para ser vivida. O medo, quando toma forma de controle, é um desastre, podendo levar à depressão e a péssimos relacionamentos.

— A senhora é tão generosa! Com tantos afazeres, ainda tem tempo para mim! Estou me achando uma louca com sua fala, mas eu mereço.

— Essa disponibilidade de nossa parte para o amor, minha filha, é mais que justa em instantes de tanta carência e ausência de afeto na humanidade. Que será de nós, na escola terrena, se não nos unirmos e nos apoiarmos uns aos outros? Chega de tanto conflito e oposição improdutiva! Nos serviços do bem, principalmente, escasseia-se o contato amoroso e motivador. Os médiuns travam batalhas muito árduas consigo mesmos e raros estão encontrando ambiente acolhedor e fraterno que lhes refaçam as forças e estimulem a caminhada. Ao chamar sua atenção visando à sua melhora, Suzana, eu o faço como retribuição aos seus esforços consideráveis na perseverança do trabalho mediúnico e na tentativa de atenuar suas imperfeições.

O homem espírita reencarnado tem supervalorizado a atuação das sombras sobre seus passos vacilantes na tarefa do bem. Todavia, estamos todos precisando valorizar um tanto mais os servidores da luz que se empenham em promover condições preciosas que retratam a bondade celeste e a misericórdia paternal.

Temos ouvido muito falar nos dragões e estamos nos esquecendo de falar dos "anjos", aqueles que, em esferas mais nobres ou mesmo em nossos planos de ação, enriquecem a vida de otimismo, fortalecimento da fé e enobrecimento do melhor que existe em cada um de nós.

Ao iluminar sua caminhada, eu mesma me beneficio da luz que espalho.

Todas as noites, grupos diferentes, provenientes das mais diversas localidades, cumprem com essa tarefa de amor no Hospital Esperança. Muitos deles passam quase a noite inteira em processo de doação e cooperação nas tarefas, junto àquela câmara de dor dos ovoides internos. Eram muitas minúcias a serem cumpridas. Limpeza de secreções, transfusão de fluidos e ectoplasma, além da separação de corpos nos ovoides, uma tarefa muito complexa, considerando que seu corpo mental se encontra como um diamante aprisionado em uma pedra de mármore disforme.

Enquanto trabalhamos, aproveitamos para orientar os médiuns, socorrer suas angústias e chamar-lhes a atenção. Aproveitei naquela noite o clima emocional de Suzana e Paolo para considerações urgentes que poderiam afetar a própria atividade no GEF. Condutas que poderiam gerar conflitos e apresentar riscos ao trabalho.

Não foi sem razão que o Mestre advertiu: "Eis que vos envio como ovelhas ao meio de lobos; portanto, sede prudentes como as serpentes e inofensivos como as pombas". O que muitos não ponderam é que os lobos, muitas vezes, estão mais próximos de nós do que imaginamos.

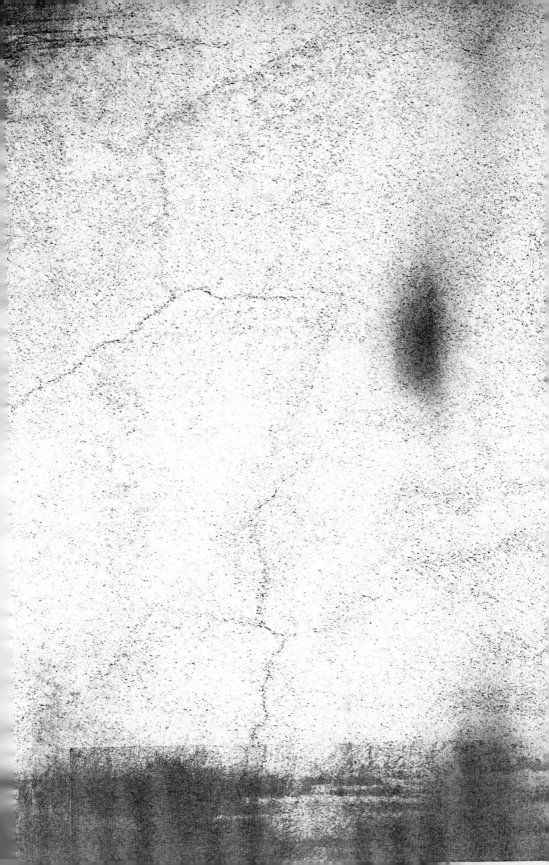

4.

O muro que separa as pessoas

"Vós julgais segundo a carne; eu a ninguém julgo."

João 8:15.

No fim de semana seguinte a esse diálogo com os companheiros do GEF, aconteceria o primeiro momento de exames morais. Uma década de atividades mediúnicas e quatro anos de preparação para esse momento novo, no qual os companheiros seriam testados em suas habilidades de amar.

Era sábado e à noite haveria o encontro na casa de Paolo. Era um encontro mais íntimo entre aproximadamente quarenta pessoas. Elvira, Maurício, Suzana e mais alguns companheiros do GEF foram convidados para a festa da noite e estariam presentes.

Essa intimidade não era comum no grupo, especialmente com Paolo, que era muito reservado. Pouco sabiam sobre sua vida pessoal, a não ser as questões sobre seu sucesso profissional como economista.

Aliás, esse comportamento costuma ser inerente a muitos grupos espíritas. As pessoas se conhecem como tarefeiros há muito tempo e somente se percebem como médiuns, dirigentes, oradores e outras posições de atuação. A comunidade espírita perdeu muito no seu crescimento com essa postura.

No meu tempo, lá pelos idos de 1930 a 1950, as coisas eram muito diferentes, lanchávamos praticamente todos os dias um na casa do outro. Éramos vizinhos e isso permitia um maior grau de aproximação. Talvez essa seja uma das razões de supervalorizarmos os papéis e as funções, hoje tão priorizados no centro espírita. Ser médium, dirigente, passista, orador passou a ser visto como ter insígnias, diferenciais de evolução, e isso afasta as pessoas afetivamente.

Reconheço que o mundo mudou, é verdade. O tempo é mais escasso e a distância, maior. Isso de alguma forma favorece esse distanciamento, tão prejudicial nas relações. Ainda bem que as coisas estão caminhando para novas propostas de aproximação afetiva. Os grupos já se ocupam em preencher esses vazios e estabelecer encontros fraternos e amigáveis, como o fez Paolo.

Na noite tão esperada para o encontro, fui uma das primeiras a chegar à casa de Paolo, junto com Inácio e alguns amigos espirituais ligados ao GEF. Adoro festas! Eu me divirto muito nessas ocasiões! Adoro andar arrumada e elegante. Esse sempre foi um traço meu. Cultuo o cuidado pessoal como um mecanismo de saúde e equilíbrio psíquico na minha vida.

Paolo estava muito alegre e seu apartamento era um luxo. Era um rapaz de apenas 32 anos, com muita bagagem e desprendimento. Embora eu já tenha estado ali várias vezes, nunca o fiz para me divertir. Aproveitei a ocasião para fazer o que já tinha tido vontade em outros momentos em que lá estive, para diálogos e contatos mediúnicos com o jovem. Agora, uma pequena pausa para um relato pessoal.

Quando entrei na cozinha de Paolo, sinceramente, me deu vontade de reencarnar! Sem exagero, tinha uns sete ou oito metros quadrados! Parecia um restaurante. As luzes expostas acima da bancada davam a impressão de uma obra de arte. A vontade que me deu foi de ficar rodando em volta, apreciando os detalhes. A modernidade me encanta! Lembrei-me de meu primeiro fogão a gás nos idos de 1935. Que luxo esse aqui! Já havia visitado residências em nosso plano com modelos muito melhores e mais belos, mas não podia deixar de reverenciar e valorizar o bom gosto de algumas pessoas no mundo físico.

Os convidados vinham chegando e eram logo servidos com petiscos e *drinks*, enquanto uma música muito agradável e suave tocava no ambiente. A reunião estava com um ótimo clima.

Suzana tinha acabado de chegar. A campainha tocou e foi anunciada a chegada de Maurício e Elvira que, depois de apresentados aos pais e amigos de Paolo, foram se assentar em um lugar discreto.

Cheguei mais perto e sondei-lhes o mundo interior. Estavam tensos e deslocados, pois não tinham o hábito de frequentar ambientes sociais. Elvira tinha filhos pequenos e um jovem de dezesseis anos. Maurício ainda trabalhava muito profissionalmente e se ocupava com as atividades espíritas todos os dias. Ambos tinham uma vida muito parecida e repleta de obrigações. Vieram à casa de Paolo como se fosse um compromisso doutrinário.

Olhavam para tudo como se estivessem em um universo novo, pesquisando detalhes. E, de fato, estavam em universo novo, que fugia à rotina de ambos. Mantinham um sorriso forçado no rosto e intimamente se sentiam inadequados. Para quebrar esse estado íntimo, Elvira falou a Maurício de forma muito discreta:

— Você sabia que ele tinha uma vida assim?

— Assim como, Elvira?

— Com tanto esbanjamento e luxo.

— Não, não sabia. Tinha informação de que era muito bem-sucedido financeiramente. Só isso.

— Eu estou achando tudo muito exagerado!

— Exagerado?

— Sim. Como pode servir bebida? Não é espírita? E essa música? Agressiva aos ouvidos. Eu não me sinto bem nesses ambientes! Acho as energias muito baixas.

— É, você tem razão. Por essas e outras, acho bom que estejamos aqui.

— Por qual razão?

— Conhecer um pouco mais sobre a vida desse rapaz pode ser útil de alguma forma.

— Em que você está pensando?

— Depois eu lhe falo, Elvira. Minha cabeça está a mil, como diz o ditado.

Os dois conversavam em surdina e, de repente, um garçom colocou diante deles uma linda bandeja de prata luxuosa e lhes ofereceu uísque e cerveja. Eles ficaram pasmos e pediram um suco. O ambiente da festa estava agradável e leve, porém, para os dois, não.

Inácio se enturmou com alguns desencarnados presentes, ligados à família de Paolo, e trocavam ideias em uma ótima prosa.

Passara-se aproximadamente uma hora desde que todos haviam chegado e Paolo reuniu os presentes no centro daquela sala de enormes proporções, dizendo que tinha um discurso a fazer. Ele estava exultante.

— Boa-noite, boa-noite, boa-noite! Muito boa-noite a todos! – falou o jovem, com alegria contagiante.

Não achem que bebi, não é isso. É alegria mesmo por este momento. Aliás, não faço uso de alcoólicos. Meu sorriso e euforia são pura alegria pela presença de vocês e por terem atendido ao meu convite. Espero que estejam apreciando nosso encontro! Muito obrigado por compartilharem comigo este momento. Obrigado meus pais, meus amigos, meus parentes e meus irmãos do centro espírita, aqui presentes.

Eu preferi guardar segredo até esse momento e escolhi a dedo com quem compartilhar. Vocês, que estão aqui, fazem parte de tudo aquilo que é importante na minha vida, portanto, achei muito justo e também oportuno convidá-los para esta ocasião.

Sei que alguns de vocês não conhecem uma parte da minha vida. Há anos meus pais e amigos mais íntimos já sabem. Hoje resolvi compartilhar esse meu mundo pessoal, assumir de forma mais transparente essa parte das minhas experiências, que poucos conhecem e que não quero mais omitir. Este é um momento muito importante para mim, um instante daqueles que celebram etapas e conquistas. Conquistas no amor e no crescimento de nossos sonhos! E eu quis compartilhar este momento com quem eu acredito que mereça.

Enfim, chamei vocês aqui para oficializar o meu casamento com Carlos, meu namorado – e, estendendo a mão, chamou o jovem para perto de si, dando-lhe um afetivo e carinhoso abraço e, em seguida, um "selinho" muito carinhoso.

Todos bateram palmas efusivamente e ficaram muito sensibilizados, com exceção de Elvira e Maurício, que aplaudiram por pura conveniência e pareciam estarrecidos com o que acabavam de presenciar. Elvira olhou discretamente para Maurício com um olhar letal de recriminação e repúdio. Cheguei mais perto de ambos e notei que ela parecia ter tomado um susto de graves proporções. Estava com taquicardia e suas mãos foram tomadas de um suor frio.

E Paolo continuou:

— A ocasião não poderia ser melhor, já que Carlos acabou de se formar na faculdade e temos agora todos os nossos objetivos em comum, na vida pessoal e na profissional. No mais tardar, em sessenta dias, saem nossos papéis do cartório, quando vamos realizar um novo encontro, dessa vez para o casamento oficial. Bom, era isso, pessoal!

Apenas mais uma coisinha: quero que vocês se divirtam à vontade! Hoje, eu tenho a grata alegria de contar aqui com meus irmãos do centro espírita, que são uma nova família que comecei a formar na minha vida, de alguns anos para cá. Com eles, tenho me alimentado de ideais nobres e gratificantes – e apontou na direção dos três companheiros. Eu quero aproveitar a ocasião solene para marcar esta data com uma oração, para abençoar a minha união com Carlos e, se não se importarem, gostaria que dona Elvira fizesse essa oração.

— Paolo, meu irmão, eu agradeço sua generosidade. Eu sou muito tímida para essas coisas e vou pedir para que algum de nossos amigos atenda ao seu pedido – respondeu a senhora, com a voz entrecortada.

E Suzana, em um ímpeto que nem ela própria soube explicar, disse que gostaria de fazer a oração. Na verdade, eu soprei nos ouvidos dela que faria a prece. Após uma súplica sentida, todos estavam emocionados. A música voltou a tocar e a festa continuou.

Elvira e Maurício estavam apavorados com tudo que viram e ouviram. Eles não cabiam no ambiente e estavam quase se descontrolando. Alegando ter outros compromissos, foram se despedir de Paolo, que se encontrava no sofá, de mãos dadas com Carlos.

Paolo, com sua sensibilidade, estranhou a repentina decisão deles de irem embora, mas não deu importância, supondo que seria mesmo por necessidades pessoais de ambos.

Eles desceram até a portaria em absoluto silêncio, mas, assim que entraram no carro, iniciou-se a conversa. Elvira pôs as mãos no rosto e disse em desabafo:

— Que vontade de chorar, Maurício! Sinto-me até sem ar. Que cena foi essa?! Sinto-me envergonhada por eles!

— Eu também não estou nada bem. Foi muito difícil presenciar o que vimos agora. Estou chocado!

— Meu Deus! É nessa pessoa que estamos acreditando para conduzir nossas atividades mediúnicas?!

— Pensei a mesma coisa! Eu nunca imaginei que ele fosse... Você sabe...

— Que ele fosse *gay*!

— Isso mesmo. Detesto essa palavra!

— Que situação! Acho mesmo que foram os amigos espirituais que nos mandaram aqui para tomarmos conhecimento sobre como estamos confiando na pessoa errada.

— Concordo plenamente. Era, aliás, sobre isso que minha cabeça não parava de pensar. Sempre tive uma desconfiança sobre esse moço e dúvidas a respeito de sua mediunidade.

— Foi muito duro para mim. Meus sentimentos ficaram muito mexidos. Você não sabe e nem contei a ninguém ainda no GEF, mas estou com esse problema em casa, Maurício!

— Mesmo? – respondeu, surpreso, o dirigente.

— Sim. Meu filho de dezesseis anos apresentou claras manifestações de homossexualidade, interessando-se por um rapazinho da mesma idade, nosso vizinho. Estou pelejando para levá-lo ao tratamento com a dona Modesta, para ver se ela pode fazer alguma coisa para curar meu filho, entretanto, sabendo agora disso... Nem sei o que dizer. Sinto-me muito triste, com repúdio e muito confusa. Um misto de sentimentos na alma. Ainda bem que não cheguei a levá-lo para o tratamento. Sei lá, fico agora pensando que o médium também precisa de tratamento. Principalmente por achar tudo tão natural. Dando beijo em público! Que horrível! Nojento!

— Meu bom Pai! – disse Maurício, enquanto dirigia para a residência de Elvira – Como esse desequilíbrio está tomando conta da sociedade! Com dezesseis anos e já está assim?

— Sinto-me envergonhada! Para ser franca, sinto-me frustrada! É como se tivesse perdido minha reencarnação. Acho que não estou sendo uma boa mãe. Nunca cheguei a lhe dizer, mas, sinceramente, já pensei em largar a doutrina por causa disso. Fico aflita ao pensar que sou uma dirigente de centro espírita com um filho *gay*. É muito doloroso!

— Lamento por você, Elvira, mas não precisa deixar tarefa nenhuma, pelo contrário. Não se preocupe! – falou o dirigente, procurando consolá-la. – Voltaremos com nossas reuniões no estilo antigo e tudo vai se ajeitar. Levaremos seu filho para a desobsessão e tudo vai dar certo!

— Você pensa mesmo em realizar essa mudança no GEF? Por conta dessa revelação de Paolo?

— Elvira, depois do que acabei de presenciar, quero tomar medidas imediatas na casa. Com as reuniões no estilo antigo, dentro de severos padrões doutrinários, tenho certeza de que poderemos ajudar seu garoto a se recuperar desse mal.

— Assim espero! Sofro muito com isso, Maurício! Jamais imaginei que teria uma provação dessas, dentro de casa! Acredito, porém, que se Deus colocou esse peso em minha vida, é porque tenho a missão de reconduzir esse espírito ao caminho do bem. Todavia, não sei o que fazer, e tudo se agrava a cada dia! Ouvir Paolo, nosso médium de confiança, fazer uma declaração de amor em público e ainda nos envolver nisso, foi mesmo o fim da picada! Como doeu ouvir aquilo e, o pior, ainda pediu para que eu fizesse a prece! Eu estou sem chão até agora. Eu nem sei dizer por que, é como se, ao ouvi-lo falar em casamento, eu perdesse um pouco mais o meu filhinho... – Elvira não conteve as lágrimas ao falar do filho.

— Fique tranquila, Elvira! Acredito que não foi por acaso que isso tudo aconteceu. Agradeço aos benfeitores por terem me levado lá, apesar de ter sido tão difícil, porque agora tenho razões justas para tomar providências e embasar as ideias e dúvidas que sempre tive a respeito dessa reunião de tratamento com os espíritos no GEF.

— Achei Suzana muito entusiasmada também, como se aprovasse a união dos dois. Orando e pedindo a Jesus por eles! Que pecado!

— Isso também me deixou muito pensativo! E eu me lembrei da proposta feita pela dona Modesta, através dela. Se é que é mesmo a dona Modesta! Acho que nossos médiuns estão todos precisando de ajuda e a gente está confiando a eles uma responsabilidade muito grande! Eu já tomei uma decisão, Elvira. Quero saber se posso contar com você.

— O que pensa em fazer?

— Amanhã mesmo, no domingo, vou ligar para João Cristóvão, presidente do órgão unificador, e marcar uma reunião para discutir o assunto na segunda--feira. Quero ouvi-lo.

— Conte comigo, eu vou com você. Estava aqui pensando... como vamos agir com Paolo, agora? Como vamos comunicar isso ao grupo?

— Vamos ter de pensar e pedir uma orientação. Será um teste para Paolo. Ele está muito fascinado com o assunto. Para expressar-se com tanta naturalidade ao anunciar um casamento proibido, já deve estar tomado por forças das trevas. Isso pode acabar muito mal!

Confesso a vocês que acompanhar aquele trajeto de quinze a vinte minutos, entre a residência de Paolo até o momento da chegada na residência de Elvira, foi uma eternidade.

Já havia passado por várias situações similares, que me convocaram ao desenvolvimento do amor cristão para entender e acolher. Em outras ocasiões, quando a maturidade e a experiência não eram suficientes para me proteger dos efeitos dessas situações, eu me sentia literalmente ofendida. Ali, porém, tinha um olhar de compaixão para o desabafo de nossos irmãos.

Embora, de minha parte, coubesse o dever de respeitar as concepções diferentes dos dois dirigentes, com aquela atitude, Elvira e Maurício não só davam início a um provável período de conflitos e testes no GEF, como também fechavam a porta para a oportunidade de parceria e trabalho conosco. Três dias antes dessa ocorrência, foram anunciadas pela mediunidade de Suzana as chances de uma nova proposta de serviço. E, agora, todos nós estávamos ali diante de um episódio que dificilmente teria um desfecho saudável e útil.

Sabia que esse contato da festa seria muito temeroso, e por essa razão alertei Paolo fora do corpo, naquela noite de trabalhos junto aos ovoides. Por outro lado, o teste estava deflagrado e se fazia necessário. Seria impossível caminhar para propostas mais ousadas de trabalho sem o exame do amor na convivência. Nossa fé repousava em fazer o melhor e respeitar a atitude de nossos irmãos, tomasse o rumo que tomasse.

Já em casa, tanto Maurício quanto Elvira não conseguiram pregar os olhos naquela noite. Estavam mesmo chocados. Não eram pessoas más. Apenas, como todos nós, tinham seus limites. E tudo aquilo foi muito para o entendimento deles.

Desde a chegada ao apartamento de Paolo até a saída de lá, eles foram profundamente testados em sua capacidade de conviver com as diferenças. Mesmo com larga bagagem doutrinária e extrema devoção ao Espiritismo, não se saíram bem na conduta ante as mais singelas e essenciais lições do Evangelho.

Nossa tarefa, independentemente de discordar, era acolher e envolver nossos irmãos. Solicitei a alguns colaboradores para que permanecessem no lar dos dois dirigentes, fazendo o possível para acalmá-los.

Retornei à festa e contei a Inácio e aos demais amigos sobre a conversa da dupla. Eles não se surpreenderam.

Não é uma tarefa fácil para nós, desencarnados, sustentar amplo sentimento cristão em situações como essa. Ficava claro que Elvira e Maurício estavam prisioneiros de seus próprios preconceitos.

O desnorteamento de Elvira com o episódio a fez revelar a situação de seu filho, confidenciando ao companheiro de doutrina as lutas no lar, diante de sua forma de enxergar a homossexualidade. Entretanto, o que ninguém sabia mesmo, além do segredo de Elvira no mundo físico, era sobre as lutas também enfrentadas pelo próprio Maurício com as suas tendências homoafetivas, que foram cruelmente reprimidas por ele.

Homem casado e pai, desde a juventude reprimiu suas tendências por orientações recebidas no ambiente espírita. Para ele, a abstinência nessa área era uma tormenta, porque tinha sonhos e poluções noturnas, acompanhadas de fantasias torturantes enquanto acordado. Tinha as tendências reprimidas, mas não resolvidas.

Não foi sem razões muito justas e explicáveis que ambos se sentiram tão ameaçados diante do anúncio do casamento de Paolo. Suas próprias sombras e dores pessoais, por detrás dos muros do preconceito, foram completamente remexidas.

Nossa função é amparar e acolher os dirigentes em suas limitações. Eram aprendizes e não faziam nada disso desejando o mal a alguém. Supunham apenas que essa era a melhor maneira de agir.

A advertência do Mestre vinha clara em minha mente, toda vez que minha disposição de acolher dava lugar ao espírito da recriminação: "Vós julgais segundo a carne; eu a ninguém julgo".

No dia seguinte, domingo de manhã, durante minhas tarefas de rotina no Hospital Esperança, tive notícias de que Maurício já havia ligado para João Cristóvão, presidente do órgão unificador, e marcado uma reunião para segunda-feira, às nove horas.

Mesmo com tantos afazeres, embora não fosse costumeiro de minha parte, reorganizei minha agenda para estar presente ao encontro.

Na segunda-feira, faltando quinze minutos para a hora da reunião, chegamos à porta da instituição, que ficava na zona central da cidade. Inácio e irmão Ferreira me acompanharam na visita.

Logo à entrada, fomos saudados por companheiros simpáticos e afetuosos que já nos aguardavam em nosso plano. Fomos direto para a sala da presidência. Lá estava João Cristóvão, um homem de seus setenta anos, em uma mesa empilhada de papéis e livros espíritas.

A chegada de Elvira e Maurício foi anunciada e, após os cumprimentos de praxe, João Cristóvão disse:

— Ora, ora, que bons ventos os trazem aqui?

— Queremos ouvi-lo a respeito de alguns acontecimentos, João.

— Sou todo ouvidos. Sentem-se e vamos conversar.

— Nesse final de semana, em uma festividade na casa de Paolo, aquele médium que lhe falei certa feita, descobrimos algo que mudou completamente o nosso jeito de pensar. Em meio à festa, Paolo anunciou seu casamento com outro homem, e, na maior naturalidade, beijou-lhe diante de todos, com a presença dos pais, amigos de trabalho e outros. Elvira e eu ficamos desnorteados e de queixo caído! Jamais pensamos que ele fosse... Você sabe, não é, João?

E abrindo os dois braços e balançando a cabeça, João Cristóvão disse:

— Para mim isso não é novidade!

— Então você já sabia?

— Não sobre isso que vocês me contaram, mas sabia que havia algo muito errado com esse médium.

— E qual a sua opinião sobre esse assunto, a homossexualidade? – era notória a dificuldade de Maurício para entrar no assunto.

— São espíritos devassos no sexo em suas vidas pretéritas e que, mesmo colocados em experiências reeducativas em corpos diferentes de suas tendências, ainda não conseguem obedecer à programação reencarnatória, buscando as pessoas do mesmo sexo para o prazer. É uma doença da alma, um desequilíbrio que precisa de sublimação.

— Acredito piamente nisso, também! Estou me sentindo péssimo desde sábado, quando presenciei aquela cena chocante. Sinto como se tivesse sido agredido por entidades.

— É desse jeito mesmo que acontece. Essas pessoas têm uma energia muito negativa.

— E o que você acha que uma pessoa assim deve fazer quando tem esse problema? Como agir no GEF, já que é a primeira vez que passamos por isso? – Maurício, ao fazer essa indagação, deixou nítido para nós que queria uma resposta para ele mesmo, que lutava também com suas próprias tendências.

— Com relação ao centro espírita, quando esses assuntos surgem, a palavra de ordem é sigilo, para evitar contaminar as vibrações. Muito sigilo e medidas urgentes. Não permitam que ele esteja em ação novamente pela mediunidade, por enquanto. Mas, repito, sejam muito sigilosos. Esses assuntos costumam provocar muita discórdia desnecessária.

— E com relação ao médium, qual a orientação?

— A pessoa tem que sublimar essa tendência no trabalho do bem em favor do semelhante. Manter-se casta é a única saída para sua própria felicidade e paz interior.

— Ai, que alívio! – reagiu sem querer à resposta, porque se sentiu encaixado naquela proposta, reforçando o que ele já pensava. Era como se a resposta de João fosse uma aprovação para a conduta que ele vinha adotando.

— Alívio por que, Maurício? – o próprio João estranhou a reação do dirigente.

— Alívio... ah... alívio por saber que nossa forma de pensar está correta a respeito de Paolo.

— Um médium que adota uma postura dessas e ainda torna pública a sua decisão certamente se encontra debaixo de uma cilada trevosa. Eu já disse a você que esse rapaz não era boa gente. Aliás, obtive informações recentes de que ele é muito amigo daquele outro médium perturbado, o Antonino, que vem nos dando muito trabalho com seus livros ditos mediúnicos.

— É mesmo!

— Eu já sabia disso há mais tempo! – manifestou-se Elvira pela primeira vez. Ele próprio, o Paolo, me recomendou um livro desse médium e fiz de conta que me interessei.

— E tem mais. Soube que essa suposta dona Modesta e esse suposto doutor Inácio também conduzem os trabalhos no Grupo X, onde Antonino atua. As extravagâncias doutrinárias que eles praticam e divulgam não têm fim. É um caos doutrinário sem precedentes na história do Espiritismo. Um deles é usar nomes de dois grandes vultos do Espiritismo mineiro, Maria Modesto Cravo e Inácio Ferreira, para suas loucuras mediúnicas.

— Quer dizer que dentro da nossa casa estamos alimentando um obsediado? Caminhando para uma possível obsessão grupal?

— Não tenha dúvida, meu caro! É coisa das trevas! E vou mais longe...

— Diga, João.

— Esse tipo de desequilíbrio sexual está atingindo os jovens no movimento espírita. Quanto antes afastarmos esses maus exemplos da seara, melhor será para a segurança e pureza de nossas casas.

— E o que você sugere em um caso como esse, João? Não temos ideia de como lidar com a situação.

— É muito simples. Seja objetivo. Essas pessoas são muito ardilosas e inteligentes. O mal é sagaz. Já tivemos outros casos semelhantes e o negócio é o seguinte: mande-o fazer uma reciclagem aqui na organização, acompanhado de um tratamento espiritual. Estudando Kardec, ele vai conseguir compreender seu erro e encontrar forças para se modificar.

— Mas, e se ele não quiser?

— Então não tem alternativa a não ser o afastamento formal da tarefa. Se vocês quiserem, temos aqui um modelo de advertência para essas situações. E bastam duas testemunhas do grupo assinarem, que está valendo.

Maurício, com uma expressão de dúvida, olhou para Elvira como se pedisse a opinião dela, que logo falou:

— Acho que ele não aceitará isso. Ele tem muito conhecimento e estudo doutrinário e vai recusar. Além disso, está muito cego para seu problema. Quem anuncia um casamento com uma pessoa do mesmo sexo, tão naturalmente, não vai mudar de opinião. Ele se mostra muito convicto. Acho que o seu nível de obsessão é muito mais profundo.

— Mas nada impede vocês, que são os dirigentes da casa, de afastá-lo. O mal precisa ser cortado pela raiz.

— Concordo com você, João. Não sei se expedientes dessa ordem vão resolver. Entretanto, não custa nada tentar. Pode nos dar uma cópia desse modelo de advertência?

— E se ele não aceitar sair? – indagou Elvira.

— Se ele não sair, saio eu da direção.

— De jeito nenhum! – falou João Cristóvão de forma contundente. Você tem uma missão com aquela casa. É sua tarefa defender o bem.

— Está certo. Concordo com você.

— Vocês vão mesmo afastá-lo da casa?

— Acreditamos que sim. Vai ser a melhor opção.

— Nesse caso, eu tenho uma notícia boa, que vai motivar a decisão de vocês!

— Qual?

— Se isso vier realmente a ocorrer, eu posso retirar o pedido de desfiliação do GEF de nossa organização unificadora. Não é novidade para vocês que nossos diretores aqui são muito favoráveis a isso.

— Sério?

— Claro que sim! Com a saída desse jovem, aquele tipo de trabalho aberto não vai acabar?

— Ah, sim! Com certeza! Vai ser a primeira mudança que nós dois vamos efetivar no GEF.

— Pois então! O compromisso da nossa casa é com a doutrina. A manutenção da fidelidade doutrinária é nosso ideal de luz. Se retornarem ao sistema anterior, que é o padrão de segurança, terei prazer em propor essa retirada da desfiliação.

Não vou me delongar nos detalhes dessa reunião. É um desafio sair de uma ocasião como essa com os melhores sentimentos cristãos!

Para ser sincera, mexeu com todo o meu sombrio[1]. Respirei fundo, resgatei minha postura interior de amor e regressamos ao Hospital Esperança.

Antes de nos retirarmos, Inácio, como de costume, fez uma observação sobre sua compulsiva aversão às organizações de unificação. Entretanto, contestei sua

---

1   É a parte da personalidade que é por nós negada ou desconhecida, cujos conteúdos são incompatíveis com a conduta consciente.". (Trecho extraído da obra *Psicologia e espiritualidade*, do escritor espírita e psicólogo Adenáuer Novaes).

crítica. Não podemos generalizar os comportamentos. Muitas entidades de unificação vinham cumprindo com fidelidade cristã a sua tarefa de unir em nome do Cristo e fortalecer o ideal da Doutrina Espírita. João Cristóvão certamente não tinha condições de se manter no trabalho, como vários companheiros sinceros e de bom coração que vinham realizando muito nas esferas do movimento federativo de unificação no Brasil.

Considerando que momentos tumultuados aguardavam o GEF, acionei José Mário, o nosso coordenador de auxílio às atividades de amparo a grupos mediúnicos, para que fizesse o possível para amenizar os dramas que viriam nos próximos dias.

Mais uma vez presenciávamos o que é ter o amor nos neurônios cerebrais e não no coração.

João Cristóvão é um retrato do nosso passado religioso que ainda teima em dominar. Dirige uma instituição que tem compromisso com a doutrina, mas despreza o amor e o respeito ao semelhante que não se encaixa nos padrões aprovados por essas organizações. É o amor na cabeça tomando forma de poder.

Até quando amaremos o Espiritismo sem amar o nosso próximo e suas diferenças? Até quando, em nome de um ideal de Jesus, vamos excluir pessoas diferentes?

O desrespeito à condição de Paolo não passava de um preconceito que apenas separa os diferentes na seara de Jesus. Tanta certeza, tanta soberba e tanta insensibilidade em nome do bem, em nome da luz, separando aqueles que o Pai juntou para florescer e dar bons frutos.

5.

Mediunidade e homossexualidade

"Eu sei e estou certo, no Senhor Jesus, que nenhuma coisa é de si mesma imunda, a não ser para aquele que a tem por imunda; para esse é imunda."

Romanos 14:14.

Na segunda-feira mesmo, após a reunião com João Cristóvão, Maurício passou a mão no celular e ligou para Paolo, marcando uma reunião no GEF para a terça--feira às dez horas da manhã.

Paolo ficou muito tenso e teve um aperto no peito ao receber o telefonema. Eu estava ao seu lado e procurei tomar medidas para aliviar-lhe a tensão. Naquela noite o médium, em prece, chamou por mim. Pelo pensamento, ele extravasou:

— Querida dona Modesta, estou me sentindo muito estranho com esse convite dos dirigentes do GEF. Não faço a mínima ideia do que possa ser, mas não me sinto confortável. Tenho a sensação de que uma bomba vai explodir. Por favor, me inspire na abertura de algum texto ou me traga uma ideia que me auxilie a manter um clima de paz.

Abrindo *O Evangelho segundo o Espiritismo*, ele leu o trecho sobre a "Coragem da fé", inserido no capítulo 24. Refletiu e orou novamente, vindo a dormir no próprio sofá onde se recostou. Fora do corpo, ele me viu em pé ao seu lado e correu para perto de mim como uma criança que desejasse o abraço da mãe. Não lhe disse nada e, com algumas intervenções em seus chacras, eu o coloquei para dormir também fora do corpo, devolvendo seus corpos sutis para mais perto do corpo físico. Eu não queria antecipar notícias ou preocupações a Paolo. Ele teve momentos refazentes, acordando somente para deslocar-se do sofá até sua cama.

No dia seguinte, na hora marcada, Elvira, Maurício e Paolo estavam reunidos na sala da diretoria do GEF. Nossa equipe também compareceu expressivamente, em especial os companheiros da defesa, junto com irmão Ferreira.

Os dois dirigentes estavam muito tensos. Elvira esparramava os braços sobre a mesa, como se sentisse necessidade de esticar os nervos. Maurício estava com o cenho carregado e Paolo, mais sereno, guardava um clima melhor do que o da noite anterior. E assim começou o diálogo entre eles:

— Bom, Paolo, o que nos traz aqui é um daqueles assuntos que temos que abordar direto e reto, como diz o ditado.

— Nossa! Aconteceu algo grave?

— Aconteceu, não é Elvira? — e olhou para a companheira pedindo aprovação, tentando dividir com ela o peso do momento.

— Sim, aconteceu, e por isso estamos aqui – falou Elvira toda desconcertada, querendo passar uma pose de firmeza.

— Bom! É o seguinte, Paolo – tomou a palavra Maurício. Após sua declaração pública sobre sua homossexualidade, Elvira e eu ficamos muito chocados e decidimos tomar algumas atitudes em favor do trabalho do GEF. Fomos procurar os órgãos competentes para nos orientar sobre como proceder diante dessa situação e concluímos que algumas providências terão de ser aplicadas para o seu próprio bem e o de nossas atividades.

— Sim – falou o rapaz, ouvindo com atenção e surpresa.

— Como você deve saber, no Espiritismo, a homossexualidade é considerada desequilíbrio e perturbação, e queremos ajudar você a vencer essa dificuldade. E para isso temos algumas orientações para lhe passar.

— Sim, quero ouvir o que vocês propõem – falou Paolo, com serenidade e firmeza, mantendo sua linha e educação.

— Em função disso, aumentou a insegurança que tínhamos em relação ao seu trabalho mediúnico. Achamos um risco um médium com suas características sexuais desenvolver uma atividade dessa responsabilidade.

— Por quê?

— Por causa das energias envolvidas no ambiente.

— Que energias?

— Energias inferiores do sexo, Paolo.

— Explique melhor. O que têm essas energias?

— Elas podem contaminar outras pessoas no ambiente e trazer más companhias espirituais.

— Meu Deus! Eu não acredito que estou ouvindo essas coisas logo de vocês, meus dirigentes! É esse o motivo pelo qual vocês me chamaram aqui? – disse o jovem, com um tom de respeito e um misto de inconformação.

— Isso é muito grave, Paolo! Você não percebe?

— Meu Pai do céu! – e Paolo colocou as duas mãos na boca, surpreso com o que acabara de ouvir. Quer dizer que para vocês o fato de eu achar uma pessoa para amar com dignidade e valor moral é um indício de desequilíbrio? É isso?!

— Amor entre pessoas do mesmo sexo, com essa conotação sexual, é uma ilusão, Paolo. Isso não existe, é uma armadilha das trevas!

— Que coisa! Eu jamais podia imaginar que, ao convidá-los para o evento, iria chocá-los tanto! Eu tenho o maior respeito para com as pessoas e considero que todo cuidado é pouco para não ferir as concepções alheias. Perdoe-me se os choquei, não foi minha intenção, mas não posso deixar de expressar minha imensa surpresa por vir de vocês uma atitude como essa! Tantos anos juntos, mantendo fidelidade e bons propósitos na tarefa e, de repente, é como se eu fosse um criminoso, devido à minha orientação sexual. Eu não podia imaginar que vocês, tão amigos e cientes de minha firmeza moral, pudessem se inspirar nessas ideias conservadoras que muitos espíritas cultivam sobre homossexualidade. Pelo visto me enganei!

— Homossexualidade é uma luta de outras vidas, Paolo. E quem passa por essa prova necessita de apoio.

— Pois para mim nunca foi uma prova. Tenho isso muito bem resolvido dentro de mim e não vejo como pode interferir no trabalho mediúnico – expressou-se o jovem, com uma tranquilidade contagiante e com uma educação no tom das palavras que refletia seu sentimento de certeza e convicção.

— Aí você vai me dar o direito de discordar, Paolo. Como pode ter isso bem resolvido dentro de você, se está prestes a se casar com uma pessoa do mesmo sexo? Se chegaram ao ponto de se beijar em público?

— Meu irmão, você acha mesmo que eu me descuidaria de absorver toda orientação sobre o assunto antes de assumir o que fazer com minha sexualidade? Estou surpreso por vir de vocês, que tanto me conhecem na tarefa, essas advertências que não tenho como dar outro nome a não ser preconceito. Sei que boa parte da comunidade espírita carrega um estigma contra os homossexuais. Consultei tudo o que existe de melhor sobre o tema e a orientação da doutrina, em absoluto, conflita com o que vocês acreditam sobre o assunto.

— E que orientação você tem sobre o assunto, Paolo?

— Os livros mais confiáveis, mediúnicos ou de escritores espíritas, deixam claro que em assuntos da vida sexual o amor, o respeito, a responsabilidade e a dignidade são as orientações precisas e cristãs para uma convivência saudável e espiritualizada. É esse o clima das energias que envolvem minha vida sexual e afetiva. Como isso pode perturbar o ambiente de trabalho mediúnico? Eu quero que vocês me expliquem como! Vocês falam de contaminação de energias, mas sentem isso? Alguém mais mencionou algo no trabalho, uma única vez?

— Isso é um equívoco, Paolo! Você está mal informado! A orientação veio de cima. Nossa entidade unificadora foi também muito clara sobre o assunto.

— E qual a posição deles?

— Nós temos a solução e tudo vai se resolver, não é mesmo? – falou mais uma vez, procurando a aprovação de Elvira, que tinha vontade de baixar a cabeça e colocar as mãos nos ouvidos para não ouvir mais nada.

— Sim, então qual é essa solução?

— Eu sei que é difícil. Mas nós temos responsabilidade com o GEF e isso afeta a nossa instituição também.

Já há muito tempo tenho sido claro e expressado minha insegurança a respeito das atividades mediúnicas das quais você participa, incorporando o doutor Inácio. Depois de conhecermos esse seu lado, tudo ficou mais claro para nós. Achamos que aquele excesso de ousadia e gracejos dos espíritos, entre outras ideias questionáveis, ocorrem exatamente em função dessa sua perturbação. Recebemos orientação de que esse é um tipo de obsessão que está tomando conta de muitos grupos espíritas. Também recebemos uma proposta que achamos muito pertinente para a ocasião.

— Então diga logo, qual é a orientação? – Paolo indagou com a maior elegância, desejoso mesmo de escutar qual seria a recomendação.

— É inconcebível que um médium de Jesus tenha esse tipo de conduta. Sua mediunidade está sendo muito afetada por isso.

— Qual a proposta?

— Para você, a recomendação é sublimar essa tendência negativa. Para isso, você terá que se submeter a um tratamento espiritual na casa unificadora e fazer um acompanhamento por meio de um estudo mais profundo das obras de Kardec, com alguns dos melhores estudiosos da doutrina.

— Eu não posso estar ouvindo isso. Não de você, Maurício! E você acredita mesmo que isso vai me impedir de ser homossexual? Simples assim?

— A proposta vem acompanhada de autoridade, por que discutir?

— Depois de anos trabalhando juntos, por várias vezes presenciei seu temperamento rígido e sempre nutri respeito pela sua forma de conduzir a casa; no entanto, agora você saiu da rigidez para o preconceito. Isso é insano, meu irmão!

— Não é preconceito, Paolo! É a orientação da doutrina, meu filho.

— Da doutrina ou dos espíritas mal resolvidos com esse assunto, que não sabem o que dizem?

— Não, Paolo! É da doutrina mesmo! O médium tem que ser alguém desprendido dos prazeres da matéria para servir a Cristo. A sexualidade é um bem para a formação da família e não para esse tipo de comportamento.

— Sinceramente, se eu não fosse alguém muito em paz com a minha consciência, me sentiria um lixo diante de vocês!

— Vai ser difícil no início, mas tudo vai se ajeitar. Nosso órgão unificador teve umas ideias interessantes para resolver isso.

— Interessantes para quem?

— Para você e para nós, é claro!

Elvira, não suportando o clima de tensão que aumentava, pediu licença para buscar água para todos. Estava tão nervosa que sua pressão baixou e mal conseguia controlar suas necessidades fisiológicas. Foi direto ao banheiro e, voltando depois de alguns minutos, a conversa continuou.

— E quais são essas ideias para o GEF?

— Nós vamos suspender o trabalho mediúnico por um tempo e retornar ao estilo antigo, enquanto você faz seu tratamento e recebe as orientações pelo estudo.

— Então me explique aqui uma coisa, para ver se eu entendi corretamente. Se eu for ao tratamento na instituição unificadora e participar dos estudos, eu volto para as atividades mediúnicas no futuro. É isso?

— Exatamente, Paolo. Para segurança de todos nós.

— E o que vocês acreditam que vai mudar em mim com uma iniciativa dessas?

— Você vai recobrar sua lucidez, meu filho, e vai adotar a postura correta diante dessa sua prova, que deve ser muito dolorosa.

— Como assim, recobrar a lucidez?

— A castidade, meu filho. A sublimação desses impulsos perversos. Entendeu?

— Entendi e eu estou aqui tentando me refazer do susto! Jamais imaginei passar por isso! Não aqui, na casa espírita. Mesmo sabendo dos severos preconceitos existentes na comunidade a respeito do assunto, eu acreditei que aqui seria diferente!

— Pelo menos nós, como seus irmãos, estamos sendo francos e honestos com você. Poderíamos tomar algumas decisões na casa diante do que descobrimos a seu respeito, sem nada comunicar a ninguém. Para nós também não é fácil tomar a atitude que estamos tomando.

— Maurício, deixe eu lhe fazer uma pergunta – manifestou-se Paolo, que se mantinha completamente sereno e fiel aos sentimentos do bem.

— Pois, não! Faça!

— Você consegue ter noção que uma atitude como essa caracteriza um *bullying*? Por muito menos, outras pessoas no meu lugar dariam queixa na polícia a respeito da sua atitude discriminatória. Já tive notícias de que muitos espíritas são intolerantes com esse assunto, mas nunca imaginei que aqui, nesta casa, onde já provei minha dignidade, meu compromisso e minha seriedade na tarefa, fosse visto como um perturbado. Eu, sinceramente, de coração, não me sinto ofendido, mas surpreso e triste por ter de administrar isso.

— Nós reconhecemos a sua dificuldade em lidar com essa prova, e também reconhecemos o seu esforço, meu rapaz. Todavia, as obsessões começam assim mesmo, de forma sutil, sem que a gente perceba.

— Obsessão?

— Sim.

— Perdoem-me, não quero ser agressivo. Isso tem outro nome, Maurício, isso se chama homofobia disfarçada – falou com os olhos marejados.

— Chore, Paolo. Isso vai lhe fazer bem. Eu imagino o quanto esse assunto lhe faz sofrer!

— Sofrer? – indagou o jovem, enxugando as lágrimas com um lenço que tirou de sua bolsa a tiracolo.

— Que bom que você está começando a compreender! Chore, isso vai ser bom ao seu espírito. A dor no seu coração deve ser muito grande!

— Não é de sofrimento que estou chorando, meus irmãos. Estou chorando de tristeza e decepção. Se minha orientação sexual é uma ameaça e uma perturbação para vocês, da mesma forma, essa postura preconceituosa e institucional de vocês é algo extremamente agressivo à nossa relação de confiança, que estava em construção. Vejo que vocês estão muito convictos do que falam e eu respeito isso.

Entretanto, aquele Maurício e aquela Elvira que eu achei que existiam e em quem eu tanto acreditava estão se desfazendo aqui, diante de mim. Eu sou uma pessoa que me entrego muito na confiança e fiz várias conquistas na vida, em função dessa postura. Nem mesmo nos negócios materiais tive tanta decepção por me entregar. E logo aqui, em um ambiente de doação, onde os interesses pessoais devem ser postos de lado, eu sou colocado em exame!

É quase inacreditável para mim que relações humanas possam ser esmagadas sob o peso dos conceitos e opiniões. Porém, se estamos em teste e aprendizado, de minha parte, não posso moldar minha vida pessoal e aquilo em que acredito de acordo com a apreciação e o respeito de vocês.

— Não se sinta ofendido conosco, Paolo, nós lhe queremos bem.

— Eu acredito em você, Maurício. E eu não estou ofendido com vocês e sim comigo mesmo, por ter escolhido pessoas que não mereciam minha confiança! Acho que a tristeza é comigo mesmo, que poderia tê-los poupado deste momento.

— Ora, não fale assim!

— Eu convidei vocês para o meu casamento por querer compartilhar minha legítima felicidade, por acreditar em seus valores, pela alegria de compartilharmos as atividades benditas da doutrina. E, de repente, me sinto mesquinho e tão inadequado quanto vocês devem ter se sentido em minha casa. Que horrível essa sensação! Há alguns minutos vocês eram parte integrante da minha vida e, num suspiro, tudo muda.

— De nossa parte não muda nada, Paolo. Queremos você perto de nós.

— Ah! Sim, eu vejo isso claramente! Bem perto de vocês, desde que eu me cure. Para vocês é muito fácil falar isso. Você, por acaso, já experimentou algum conflito sexual, Maurício?

— Quem não os tem, não é? – respondeu o dirigente, quase engasgando.

— Pois é! E eu é quem tenho que fazer mudanças aqui, em algo que, absolutamente, não me conflita e nem me perturba? Queria ver se fosse você no meu lugar! Se tivesse a mesma orientação que tenho. Você conseguiria aplicar essa proposta da sublimação?

— Tenho certeza de que faria isso, Paolo – disse o dirigente, cheio de si, como se fosse uma autoridade no assunto, já que era exatamente isso que ele fazia na sua concepção pessoal.

— Isso não é Espiritismo, Maurício! Não tem lógica com tudo o que aprendi, acredito e pesquisei. Sobretudo, não tem nada a ver com o que os próprios amigos queridos do mundo espiritual me disseram e orientaram sobre o assunto.

— E o que eles lhe orientaram, Paolo?

— Que a homoafetividade pode fazer parte da evolução. Que não é um pecado, não é uma perturbação, mas um estágio como qualquer outro na direção do amor e da elevação espiritual.

— E quem foi que lhe ensinou isso?

— Dona Modesta e todo o grupo que trabalha aqui conosco.

— Por essas e outras, meu amigo, vou me certificando do quanto você está mal acompanhado e sendo enganado espiritualmente.

— Então, você acredita que minha orientação sexual influencia na qualidade do meu trabalho mediúnico?

— Todos temos de fazer sacrifícios no trabalho do Cristo, meu filho. Viemos a esse mundo para isso mesmo.

— Eu não acredito que isso tenha algo a ver com o Cristo. Isso tem a ver com personalismo, ponto de vista, ignorância, preconceito e discriminação. Isso é doutrina dos espíritas e não Doutrina dos Espíritos!

— Não vamos partir para esse lado, Paolo. Aqui, nós somos os dirigentes.

— Sabem de tudo e podem tudo, não é?

— Não se trata disso. Temos responsabilidades com a segurança dos trabalhos na casa. E temos que tomar decisões pelo bem de todos.

— E com os trabalhadores da casa, que compromissos vocês têm?

— Temos também responsabilidade com isso, e por essa razão queremos lhe ajudar a sair dessa situação.

— Eu não quero a responsabilidade de vocês sobre minha vida pessoal. Eu sou maior de idade, sei o que faço e respondo pelos meus atos. Eu queria confiança, mas, neste momento, estou tomando-a de volta! Minha vida particular levada ao órgão unificador? Com que objetivo? Isso foi demais! Eu convido vocês para compartilharem da minha vida pessoal, por carinho e confiança, e é isso que acontece? Agora entendo melhor porque saíram tão às pressas da minha casa no sábado. Eu não podia imaginar que tinham concepções tão estreitas sobre amor e sexo. Mas, enfim, vamos terminar essa conversa!

— Bom, Paolo, não quero desgastes. Quero saber qual a sua posição. Você vai aceitar a nossa proposta?

— Maurício, meu irmão, eu fico com minha consciência, que de nada me acusa. Com relação à sua proposta, pode esquecer! Não vou vender minha confiança a preço de formalidades institucionais. Eu lamento muito tudo isso. Vocês já pensaram, por exemplo, na repercussão que isso pode ter no grupo de trabalho? E que isso, sim, pode ser uma trama espiritual para envenenar o trabalho que está tão bom e rico de perspectivas?

— Ninguém vai saber do que se trata, Paolo. Quanto mais pudermos amenizar o assunto, melhor para a tarefa. E pedimos a você a mesma discrição. Preferimos que ninguém saiba de nada e alegaremos o motivo de sua saída do grupo como algo pessoal.

— Ah! Por caridade! Não contem comigo para amenizar nada. Eu tenho amigos no grupo. Não vou ceifar laços afetivos por formalidades de jeito algum! Não é do meu feitio fazer isso. Por lealdade a vocês, quero que saibam que, quanto antes, pretendo comunicar a todos o que está acontecendo aqui, caso vocês mesmos não venham a fazer isso.

— Para que isso, Paolo? O que você ganha com isso?

— Que pergunta é essa, Maurício? Não somos máquinas, somos pessoas, temos coração! Eu tenho amigos dentro do grupo. Você acha que simplesmente vou desaparecer como uma bolha no ar e pronto? Você já pensou no quanto será indagado pelo grupo a respeito de uma decisão dessas?

— Serei franco. Direi que foi um momento de desacordo entre nós e que você preferiu outros caminhos. As coisas podem até se complicar para você, se tornar público o que você mesmo escondeu por tanto tempo.

— Eu não escondi nada, Maurício. É minha vida particular. É assunto meu e não tenho, em uma circunstância como essa, o menor constrangimento de ser transparente. De minha parte, fique tranquilo. Sempre terei palavras de respeito por vocês, mas não esperem que eu venha a esconder o que estamos conversando neste momento.

— Estamos zelando pela doutrina e pela casa, Paolo.

— Desculpe a clareza, Maurício, vocês estão zelando por uma crença limitante que ainda não conseguem superar. Eu tenho alguns amigos espíritas, de outros grupos, que sabem da minha vida pessoal e nunca me recriminaram. Se eu não sirvo para a tarefa por ser quem sou e como sou, eu aceito, afinal vocês são os dirigentes da casa, mas não me peçam omissão. Sou uma pessoa de opinião firme e não tenho motivos para ocultar nada – falou, recordando o trecho "Coragem da fé", lido na noite anterior.

— Nesse caso, – determinou o dirigente, já um tanto cansado – considere-se afastado temporariamente das atividades da casa e, amanhã mesmo, vou comunicar ao grupo nossa decisão. Peço que compareça à reunião na quarta-feira à noite, que eu mesmo farei um esclarecimento a todos, logo no início. Mas vou logo lhe prevenir: sua situação vai piorar.

— E se, de fato, não for acolhido com amor fraterno, não terei a menor dúvida de que estou no lugar errado e de que me tornei um problema. Estarei presente na reunião, sem mágoas e de coração aberto. Aproveito, com toda a lealdade da minha alma, para me desculpar com vocês dois, por tê--los chocado com a minha vida pessoal. Eu me arrependo disso por estar ciente de que nem todos estão prontos para lidar com a diversidade sexual. Só não imaginava que, da parte de meus irmãos de ideal, isso pudesse ocorrer. Errei. Peço desculpas por essa parte e, quanto ao resto, rogo a Jesus que nos ilumine nas decisões.

Não havia mais nada a ser dito. Paolo se levantou, despedindo-se serenamente. Assim que saiu pela porta, Elvira se descontrolou em choro convulsivo, alegando que era como se visse seu filho em Paolo, saindo pela porta da vida sem aceitar mudanças.

Maurício tomou um copo d'água, pois tremia de nervoso. Sentia um mal-estar generalizado, mas mantinha-se firme, sustentado pela ideia do dever cumprido.

E ali assistíamos mais uma vez a eminente possibilidade de interrupção, não somente de amizades e relacionamentos, mas de planos de serviço na obra do Cristo.

Apesar da serenidade, Paolo carregava uma profunda dor na alma. Muito natural que, depois de tudo que ouviu, se sentisse daquela forma. Pensou em ligar para o noivo a fim de desabafar, mas decidiu não tomar essa iniciativa para não perturbá-lo. Cancelou seus compromissos profissionais daquele dia e foi para casa se recompor. Precisava meditar, relaxar a mente para absorver o acontecimento.

Mais ao anoitecer daquela terça-feira, antes do repouso para o sono físico, já um pouco menos sofrido com o ocorrido, Paolo fez uma sentida prece pedindo por todos no GEF. Em desdobramento foi trazido ao meu encontro no Hospital Esperança, pelos guardiões atentos que destacamos para ampará-lo. Ao me ver em serviço ativo nas enfermarias, correu para perto de mim.

— Dona Modesta, dê-me sua bênção! – falou, beijando-me as mãos.

— Jesus lhe proteja, meu filho! Eu lhe acolho com minha bênção, pela postura sábia e íntegra na conversa com nossos dirigentes do GEF. Sei como foi difícil!

— Fiquei muito angustiado depois da conversa, ao longo do dia.

— Vai passar.

— Por que Maurício age dessa forma? É puro preconceito, dona Modesta?

— Sim, Paolo, é um preconceito que toma a forma de um tumor no pensamento, que nasceu devido à desconexão com o sentimento. A recusa em trabalhar nosso coração pode produzir monstros mentais. Maurício teve seu sombrio iluminado pela sua postura serena, confiante e coerente. Para quem imagina que a homoafetividade é uma doença, fica difícil ter de lidar com alguém tão bem resolvido como você nessa área, sem atiçar os parâmetros que ele cultiva, porque, se ele admitisse ser possível o equilíbrio sendo homossexual, teria de rever toda a sua vida.

— Rever o quê?

— O sombrio dele é de impulsos homoafetivos reprimidos e mal elaborados na juventude.

— Verdade?

— A visão idealista de castidade o protege do contato com seus desejos. Para ele, por enquanto, é a orientação exata e apropriada. Entretanto, parece que a vida queria testá-lo. Além de nunca ter vivido uma experiência de amizade com alguém homossexual, ele nunca podia imaginar tamanha elegância de postura e serenidade em alguém que tivesse tal orientação, ainda mais sendo espírita.

— Estou impressionado!

— Sua postura tranquila foi um espelho que o obrigou a julgar sem muita convicção no que defende. Porque a castidade é boa para ele, que acredita ser ela o único caminho para todos os que experimentam tais impulsos.

— O que a senhora me diz sobre as observações feitas por ele a respeito do meu trabalho mediúnico?

— Todo médium que se preza deve sempre retirar dos alertas alheios o que possa aprimorar seu trabalho mediúnico, em quaisquer circunstâncias.

Não importa se as observações venham ou não no clima da fraternidade e do respeito. O médium, por segurança, deve aprender a selecionar até mesmo entre os detritos da calúnia e da inveja os componentes que possam ser reciclados para atuarem como adubo ao seu ministério de servir e aprender.

Fechar-se às observações ásperas e contundentes pode subtrair-lhe o ensejo de selecionar algo de útil. Mesmo no lixo da soberba e da arrogância encontram-se valorosos tesouros que se mantêm preservados no recipiente moral que nos são entregues.

Avance trabalhando e considere sempre a parte que lhe serve como exame consciencial.

Recorde que os alertas mais enfáticos que você recebeu até hoje foram os que melhor lhe serviram de balizas para que não cometesse os mesmos erros mais de uma vez. Eles ficaram retumbando em sua vida mental como se fossem ecos a relembrar suas necessidades de aprimoramento e os cuidados sutis de sua movimentação no bem.

Você guarda possibilidades para discernir a respeito do que reciclar, com base no que ele lhe disse. Aproveite o ensejo e se lance ao serviço de corrigir o que lhe incomoda, devolvendo ao monturo aquilo que não lhe seja aproveitável.

Observe que Jesus começou seu sagrado ministério em uma festa de núpcias, como a nos ensinar que não guardamos condição de crescer sem arrimo, sem apoio e sem grupo familiar de afinidades e motivações. Entretanto, em seus sublimes ensinamentos, deixou claro que no caminhar do amadurecimento, quando formos convocados a entrar na Jerusalém das provas mais desafiantes, nosso destino é o calvário solitário e individual, no qual sobraram apenas duas pessoas, uma para enxugar o suor com a toalha e outra para dar alguns passos com a nossa cruz. Ele enalteceu a família dos afins para o começo do trabalho e orientou sobre a solidão diante dos testes mais acirrados da caminhada, nos instantes de testemunhos supremos.

Todo médium com Jesus, chamado aos mais amplos campos de ação comunitária, experimentará a dor de ser julgado e caluniado, porque todas essas expressões do comportamento humano fazem parte do movimento de progresso e burilamento. Não existe crescimento sem projeções. Não existe luz sem deslocamento de sombras. Onde existe reação, existe ensinamento.

Trabalhe um tanto mais e prossiga em sua caminhada.

Todo médium em condição de responder por um acentuado nível de exposição deverá aprender a dura lição da sabedoria evangélica que recomenda oração e vigilância no caminho, a fim de não se desvincular da fonte cristalina de amparo e proteção do mundo espiritual, na qual se encontra a legítima segurança e o apoio afetivo indispensável para alimentar-se de coragem, discernimento, sabedoria e luz para prosseguir.

No mais, observe os frutos que nascem do seu plantio e deixe ao tempo a divina tarefa de qualificar a natureza de seus esforços no bem. Os frutos falam do semeador.

— Eu lhe agradeço o carinho e a sabedoria, dona Modesta. O que a senhora me diz sobre essa alegação de que os homossexuais estão envoltos em energia ruim ou sob o domínio de companhia enferma?

— Sexualidade, Paolo, tem sua medida moral e espiritual sadia na dignidade, no respeito, na responsabilidade e no amor. Você vive uma relação nutrida pela riqueza moral, é amado e ama o Carlos, ambos estão com propósitos divinos de formar uma família. Que energia pode vir de uma pessoa como você? Maurício, bem como muitos companheiros de ideal espírita, por não desenvolverem a educação dos sentimentos para aferir a vida pela perspectiva do coração, não encontrou outra medida senão adotar rótulos para avaliar o que lhe cerca, servindo-se de ensinamentos estáticos e conceitos rígidos aplicados coletivamente.

Quando Jesus proclamou o sublime ensinamento "Bem-aventurados os limpos de coração, porque eles verão a Deus"[1], deixou-nos um roteiro perfeito de educação e melhoria espiritual centrado nos valores divinos.

Somente pelas lentes do sentimento temos condição de examinar as pessoas como individualidades, as condutas como contextos variáveis e os acontecimentos como fatos distintos, conquanto a presença de similaridades.

Quando adotamos rótulos engessados, a mente se paralisa e distancia o pensamento do sentimento. Essa dicotomia chama-se julgamento.

Paulo, por sua vez, nos orientou que nenhuma coisa é em si mesma imunda, a não ser para aquele que a tem por imunda. Existem, é claro, homossexuais

---

1   Mateus 5:8.

envoltos em energias ruins e com companhias enfermas. A generalização é que se torna perniciosa e traduz um preconceito. Assim como existem heterossexuais com boas ou más energias, com boas ou más companhias.

Não é a orientação sexual que determina a energia e as companhias espirituais. É a forma de viver, o expressar do sentir e do pensar é que moldam a aura do ser humano, seja ele negro, homossexual, muçulmano, católico, baixo, alto, velho ou novo. Enfim, não são os rótulos humanos que servem de distintivo para vermos e tomarmos contato com Deus Pai e com nosso deus interno, em forma de sabedoria e grandeza espiritual.

Temos aqui no Hospital Esperança núcleos de educação da sexualidade com classes específicas de homoafetivos. Nesse templo de amor encontramos tratamentos, estudos, exercícios, agência de projetos reencarnatórios e serviços de proteção aos grupos sociais alternativos que lutam pela mudança dos conceitos e das leis que envolvem o tema.

Nesses núcleos de educação e serviço, encontramos como finalidade maior a elevação moral da conduta e do entendimento em torno da orientação homoafetiva. Espíritos nobres, ainda portadores dessa identidade sexual, fazem um trabalho engrandecedor e libertador de consciências a milhares de matriculados.

— Que lindo, dona Modesta! Como gostaria de conhecê-los!

— Você os conhece, Paolo.

— Conheço?

— Sim, mas não se lembra. Suas raízes com o Hospital Esperança são muito antigas, meu filho! Seu projeto de casamento com Carlos foi todo elaborado neste núcleo educacional.

— Sério? Então existem projetos de reencarnações e casamentos *gays*? Até eu me assustei agora! — expressou-se de maneira inerente a seus modos sensíveis.

— Não se assuste. Você tem, inclusive, padrinhos do seu projeto reencarnatório na equipe espiritual que assessora os serviços mediúnicos que você executa no GEF.

Os projetos de reencarnação do mundo espiritual atendem a propósitos evolutivos de conformidade com o avanço dos costumes da sociedade terrena. Desde os anos 1980 nossa casa espiritual se afeiçoou a projetos de reencarnação diversos, como, por exemplo, a produção independente, mães que queriam ter filhos sozinhas. Os progressos da genética e das técnicas de reprodução, além das mudanças sociais na lei de adoção, foram facilitando tal propósito a mulheres e homens em seus projetos de reencarnação.

— Suas observações aliviam meu coração, dona Modesta!

— Você merece esse bem, meu filho!

— Mas e o que será daqui pra frente? Pelo visto estou "desempregado" da mediunidade, já que fui literalmente expulso pelos meus dirigentes.

— Se eu fosse você, não confiaria muito nessa possibilidade.

— Por quê? A senhora acha que vai mudar alguma coisa?

— Nossa equipe trabalha intensamente neste momento com cada elemento do GEF, considerando a reunião de amanhã. Tudo pode acontecer, Paolo!

— Nosso GEF estava indo tão bem! Corre agora riscos de conflitos. O que a senhora apontaria como sendo o ponto mais frágil nos grupos espíritas? Ou mais especialmente no GEF?

— A convivência.

O brilho do Espiritismo seria ainda mais resplandecente não fosse a preguiça e a inveja humana que ainda nos aprisionam.

A preguiça desvaloriza a disposição alheia de servir. A inveja perturba o sombrio de quem se autodeprecia.

A preguiça motiva as desculpas e estimula as razões para a fuga. A inveja é a revolta de quem vê domínio onde existe comprometimento.

A preguiça é uma rede encantada onde adormece quem não decidiu avançar. A inveja é uma lente encantada que distorce a realidade, em conformidade com seus interesses.

A preguiça e a inveja desgastam a convivência e dilatam os conflitos na direção da separação e do desafeto.

Os pontos mais frágeis nos grupos do Espiritismo cristão ainda são a preguiça e a inveja, que subtraem qualquer possibilidade de legítima convivência fraterna. E a convivência é a escola de aplicação dos exames de amor.

— Tentarei fazer o meu melhor na reunião, dona Modesta.

— Guarde silêncio, Paolo. Você não terá que fazer muito. Tire o melhor proveito, ciente de que ninguém e nada poderão subtrair de você as conquistas íntimas que lhe pertencem. E, quanto ao trabalho mediúnico, fique ciente de que nunca lhe faltarão trabalho e aprendizado. Mantenha-se reservado e prudente como já lhe alertei.

Após a conversa proveitosa, encaminhamos Paolo de volta ao corpo para o sono refazente.

O exemplo de dignidade daquele jovem não poderia sucumbir diante dos vendavais do preconceito. Passamos a noite tomando medidas para prevenir os acontecimentos no GEF, na reunião que iria ocorrer, mantendo todos no melhor clima e protegidos dos ataques espirituais das sombras, que sempre costumam se valer dessas ocasiões.

Além de envolver Paolo nas nossas vibrações de apaziguamento, Inácio, José Mário e irmão Ferreira também tomaram providências para que todo o grupo mediúnico fosse acolhido em vibrações de carinho e amor.

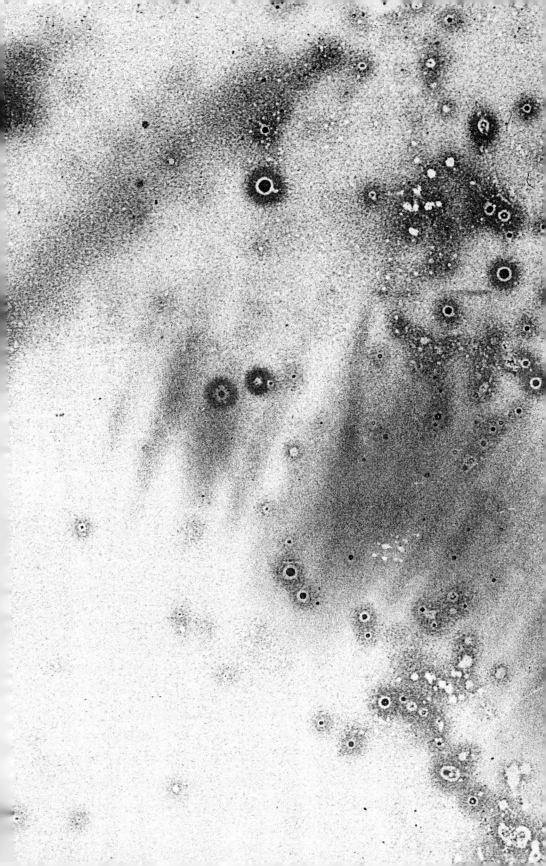

6.

A alma dos grupos espíritas

"O meu mandamento é este: Que vos ameis uns aos outros, assim como eu vos amei."

João 15:12.

Chegou a noite de quarta-feira. Todos os componentes do GEF, naquele dia, receberam atenção especial para a implantação da luz em seus pensamentos e para que a energia de seus corações pudesse se manter no clima do Evangelho e do amor cristão.

Exatamente às 19h30 começaram a chegar os componentes do grupo e as pessoas que buscavam auxílio e orientação na reunião de tratamento espiritual. Havia se passado uma semana desde o nosso último encontro e, apesar das limitações de nossos irmãos, acreditávamos, com muita esperança, que algo novo pudesse surgir para abrir os caminhos na realização da proposta que depositamos no grupo.

Alguns minutos antes do horário marcado, Inácio me procurou para dizer que Cibele, a jovem atendida na semana anterior, tinha acabado de entrar, juntamente com Paolo e outros membros do GEF. Eu a avistei e quase não a reconheci, tamanha a sua mudança. Ela tinha a fisionomia leve, estava maquiada e com os cabelos caprichosamente penteados. Em companhia dos pais, guardava a fé nas palavras sábias e bem orientadas que ouvira de Inácio na reunião anterior, pela mediunidade de Paolo.

O grupo já se encontrava todo na sala de reuniões. Maurício e Elvira sentaram-se lado a lado. Notei um clima de indisposição da parte dele ao avistar Paolo, que se acomodava discretamente em um canto da sala. Seu clima espiritual transpirava um estado de autoconfiança plena, ao contrário do nervosismo do dia anterior, na reunião com Maurício e Elvira.

Após a prece inicial, Maurício tomou a palavra e, com uma atitude prepotente, falou:

— Meus irmãos, que Jesus nos proteja! Antes de iniciarmos qualquer atividade nesta noite, eu tenho um comunicado lamentável a fazer e prometo não tomar muito o tempo da reunião.

Neste último final de semana, Elvira e eu estivemos em uma reunião social na casa de Paolo e, infelizmente, fomos pegos de surpresa. Suzana também estava presente e é testemunha do que vou lhes contar.

Diante das poucas palavras de Maurício, um clima tenso se formou imediatamente no grupo. Somente Paolo mantinha-se leve, atento, ouvindo tudo aquilo com completa isenção de ânimo.

— O que aconteceu foi que o nosso irmão Paolo, diante dos nossos olhos e com a maior naturalidade, declarou em público que estava se relacionando com outro homem, que estavam ficando noivos naquele momento e se casariam em breve, assumindo a sua condição homossexual.

Não preciso nem dizer o quanto isso nos decepcionou, sendo ele espírita e ainda médium nesta casa. Já tivemos, Elvira e eu, uma reunião com ele ainda ontem para propor um tratamento espiritual na casa unificadora da nossa cidade, acompanhado de um estudo aprofundado da obra de Kardec, para que ele reequilibre sua conduta nessa área. Entretanto, ele preferiu não aceitar, mostrando-se convicto de que não é portador de nenhum problema.

Diante disso, a diretoria resolveu afastá-lo das atividades de quarta-feira. Vamos, ainda, suspender esse gênero de tarefa como vem sendo realizado, para retomar nosso formato original anterior, que nos traz mais segurança e pureza, dentro dos padrões da doutrina.

Reforço que solicitei ao Paolo que mantivesse discrição em relação ao assunto, para poupar vocês e a ele mesmo de um momento tão desagradável como este, mas ele, por motivos pessoais, disse que não aceitava a nossa recomendação. Por esse motivo, estou comunicando a decisão da diretoria e encerrando o assunto. Tenho a certeza de que, diante de nossa explanação clara e sincera, o assunto esteja devidamente esclarecido e finalizado.

O grupo parecia hipnotizado com o que acabara de ouvir. Um silêncio tumular tomou conta da sala por alguns segundos, até que Suzana, uma mulher de posições claras e que, literalmente, era conhecida por não aceitar injustiças, tomou a palavra:

— Espere aí, Maurício! Nada está finalizado aqui! Será que eu ouvi direito ou estou delirando?! Deixa ver se eu entendi! Vocês estão afastando o nosso amigo Paolo porque ele é homossexual? Como dizem os nossos jovens de hoje, "estou bege" com o que acabei de ouvir.

— Também não é assim, Suzana! Nós fizemos uma proposta e ele não aceitou.

— Verdade, Paolo? – indagou Suzana, quase atordoada e ao mesmo tempo indignada, virando-se na direção do jovem médium.

— Sim, Suzana, é verdade – respondeu Paolo com humildade. Eu não tenho motivo nenhum para me envergonhar da minha orientação sexual. Estou em paz com minha vida pessoal e fui tomado de surpresa com essa situação. Arrependo-me, honestamente, de ter convidado meus irmãos da diretoria para irem à minha casa e tê-los chocado com meu estilo de vida, mas não tenho porque me submeter a um tratamento ou a um estudo orientador, como se estivesse em perturbação e desequilíbrio, que é como a minha conduta é vista pelos diretores.

Também é verdade que eu não aceitei manter sigilo sobre o assunto. Não aceitei porque meu afastamento seria simplesmente comunicado, sem esclarecimento da razão. Eu tenho vocês como amigos e não admito uma interrupção dos nossos laços afetivos dessa forma secreta. Preferi estar aqui e dizer publicamente que amo muito este trabalho e a todos vocês, e lamento que, por ser como sou, não possa ser aceito no grupo.

— Eu não estou acreditando no que está acontecendo nesta casa espírita, meu Deus! – disse Suzana, no tom da mais pura indignação, repetindo por duas vezes a mesma frase.

— Suzana, mantenha sua vigilância! – advertiu Maurício em tom ríspido. O assunto já está encerrado e vamos voltar ao trabalho, que é isso o que nos interessa.

— Mantenha vigilância você, meu irmão! Eu não aceito uma decisão dessas nem que Jesus Cristo apareça aqui na minha frente para me pedir isso. E tem mais: o que interessa aqui, agora, são os nossos elos afetivos construídos no grupo, mais que o trabalho espiritual! Que adianta a tarefa mediúnica com os espíritos, se não somos capazes de ter respeito com o nosso irmão encarnado, que está aqui no nosso plano e ao nosso lado?

— Suzana... – tentou calá-la novamente o diretor.

— Não me interrompa! – falou ela já de pé e espalmando a mão na direção de Maurício. Agora você vai me ouvir! Primeiro eu quero saber o seguinte: como é que vocês tomam uma decisão de diretoria, sendo que, só aqui nessa sala, além de mim, temos mais dois componentes da direção da casa?

Segundo, se o problema é a homossexualidade, então meu filho, você vai ter de mandar mais uns três embora. Três que eu sei e nunca ocultaram de mim que são *gays*. Duas, inclusive, são mulheres.

E terceiro, acho um absurdo você, além de não dividir essa decisão com toda a diretoria, não dividi-la também com o grupo.

Em que planeta você vive, Maurício? – falou Suzana, alterada. – Você acha, por acaso, que dirigente é embaixador de Jesus? Sem chance, meu irmão! Aqui nesta casa, não! Eu não vou permitir abusos de autoridade, como já ouvi falar de outros dirigentes, em outras casas.

Nós não somos marionetes para que você nos manipule, tá sabendo?! E mais, se Paolo sair desse grupo eu sou a primeira a sair também, principalmente se você não me der motivo justo além do absurdo que alegou. O fato de você ser rígido é uma coisa, mas, preconceituoso, eu não engulo!

Eu discordo frontalmente dessa decisão e, sinceramente, estou "passada" com seu preconceito. Nunca esperei presenciar uma cena dessas no Espiritismo, pelo menos, não aqui no GEF!

Suzana, literalmente, incendiou as opiniões no grupo, ainda mais porque foi extremamente feliz em suas colocações. E ela não parou por aí:

— Eu estava na festa de Paolo e achei tudo lindo e maravilhoso. Um homem honesto, digno, que não tem o que ocultar de ninguém. Que confiou em nós, companheiros do seu grupo espírita, dando-nos a oportunidade de dividir com ele algo muito íntimo e pessoal, e é assim que você responde?

— Suzana, por caridade, eu peço a você... – tentou novamente Maurício calar a companheira, mas sem sucesso.

— Não tente me calar novamente, porque senão eu vou perder meu equilíbrio com você!

Maurício, você abriu essa reunião usando a seguinte expressão "Meus irmãos, que Jesus nos proteja" e trata o seu irmão Paolo desse jeito? Isso é absurdo! Olha, eu, no lugar dele, prestaria uma queixa na polícia! Isso é discriminação, é crime! Eu não aceito essa decisão da diretoria!

— Mas nós recebemos orientação do órgão máximo do Espiritismo. Foi o próprio presidente, João Cristóvão, que nos orientou. Não temos o que discutir, Suzana!

— Sabe o que você parece com essa atitude, Maurício? Um padre dando satisfação para sua paróquia. João Cristóvão está ultrapassado, e eu o conheço de outros carnavais! Acusa todo mundo de tudo e está cheio de dificuldades em sua vida pessoal. Abandone essa coisa de órgão unificador, pelo amor de Deus!

— Suzana, contenha-se, por caridade, você está abrindo brechas para ações trevosas!

— Se o que estou sentindo é coisa das trevas, eu não abro mão da companhia deles, porque pelo menos eles são justos! Fico com eles, e não abro mão, a ter de aceitar isso!

Eu vou me conter! Mas só queria fazer mais uma pergunta a você, Maurício! Como você acha que Jesus agiria se estivesse aqui? Acha que colocaria Paolo para fora? Foi isso que ele fez com uma mulher considerada pecadora?

A palavra espontânea de Suzana caiu como um raio entre todos. Uma pressão emocional muito intensa foi detectada dentro do grupo e, repentinamente, ouvimos um choro convulsivo. Era Elvira que se mostrava completamente atordoada com tudo aquilo. Maurício tentou apaziguar, dizendo:

— Acalme-se, Elvira. Deve ser alguma companhia espiritual em função desse ambiente perturbado.

Elvira enxugou os olhos, levantou-se, copiando a atitude de Suzana e, em um desabafo incontido, falou a todos:

— Meus irmãos, me desculpem, me desculpem mil vezes, mas eu não suporto mais essa pressão!

Tem pelo menos quatro noites que não durmo direito em virtude desse episódio. Tomei a decisão junto com Maurício e vou dizer a vocês: Suzana está certa! Eu quero voltar atrás na minha decisão! Não quero saber de mais nada, viu, Maurício!

Estou entregando o meu cargo da diretoria e não quero passar mais por esse tipo de situação tão desagradável. Não quero mais carregar uma responsabilidade desse tamanho, sendo que não dou conta nem de resolver os meus problemas pessoais.

Vocês podem achar que eu fiquei louca ou estou debaixo de atuação espiritual. Pensem o que quiserem, só não dou mais conta disso! Sinto-me uma farsante nessa posição, recriminando Paolo. Que direito e com que autoridade eu posso fazer isso, se dentro da minha própria casa tenho um filho homossexual, de dezesseis anos, e nem sei o que fazer por ele?

Paolo, quero lhe confessar que ontem, quando o vi sair tão sereno e confiante diante das colocações do Maurício, eu pensei "Meu Deus, será que estamos corretos no modo de agir?". Em seguida, veio-me na mente o meu filhinho... E foi como se o visse saindo pela porta junto com você! Deu-me um desespero, um pavor, uma dor sem palavras!

Quero que saibam que me sinto envergonhada, frustrada e muito infeliz com a situação do meu filho, e que este caso do Paolo tirou o pouco de forças que eu tinha. Sinto-me uma fracassada, não tenho nenhuma qualidade para opinar em um caso desses! Revogo minha decisão!

Cada palavra dirigida a Paolo, desde a reunião que fizemos ontem, é como se fosse uma facada no meu coração de mãe. Quando olho para Paolo, tão leve, tão sereno e tão confiante no que está fazendo e naquilo que ele é, eu, sinceramente, não sei se por fraqueza minha ou por amor dele, tenho vontade de abraçá-lo e pedir que me ajude com meu filho.

Perdoem-me, perdoem-me pelo desabafo! Eu não suporto mais isso aqui! E, sinceramente, Paolo, olhe aqui nos meus olhos e sinta o que vou lhe dizer: eu lhe peço desculpas pela minha falsidade com você. Se eu não estou em condições de cuidar de meu filho, que amo tanto, como eu posso recriminá-lo? Perdoe-me! Eu entrego meu cargo, revogo minha decisão em relação a Paolo e vou optar pelo amor. Chega para mim! Isso aqui não tem nada a ver com o amor de Cristo!

A cada minuto que passava, a reunião se tornava mais inusitada. Todos ficaram com olhos marejados diante da fala de Elvira, que mais uma vez mergulhou em convulsivo choro, sendo abraçada por companheiros da reunião. Todos ficaram engasgados, como se tivessem sido atingidos por um furacão.

Até mesmo Maurício ficou sem palavras diante de tudo aquilo, mas, para não perder a postura de diretor, manifestou-se:

— Bom, disse a Paolo que comunicar os fatos a vocês poderia causar perturbação, mas ele não aceitou manter o sigilo, e vejam o que está acontecendo.

— Eu vejo com os melhores olhos cristãos o que está acontecendo aqui! Como componentes do grupo, também temos o direito de nos manifestar!

Eu acharia, no mínimo, um abuso afastar Paolo e não dar a ele e a nós o direito de dizermos alguma coisa – falou Silvério, um dos médiuns do grupo.

— Silvério, respeito sua opinião, mas esse é um assunto da diretoria. Já que foi questionada a minha decisão, para encerrar esse assunto, farei então uma nova convocação com a diretoria completa, como sugeriu Suzana, para podermos tomar uma decisão definitiva.

— Não, Maurício, agora sou eu que não aceito isso! – retomou Silvério. Dessa forma você nos trata como crianças, como se não pudéssemos opinar nos assuntos que envolvem a todos nós. Paolo é nosso amigo! Todos gostamos dele. Temos um elo de amizade que, a meu ver, é o que mais importa nas tarefas cristãs. A sensação que você me passa com sua postura, Maurício, é a de um chefe de uma empresa demitindo friamente um funcionário. Nunca presenciei nada assim em um centro espírita e nem mesmo algo que se aproxime da sua postura. Está sendo uma surpresa muito desagradável para mim!

Eu não quero ser injusto, mas, se existe algum desequilíbrio aqui, ele está na sua postura retrógrada em relação a essa questão, que é de foro íntimo. Sexo é questão de consciência. E reforço o que disse Suzana: não são só três pessoas. Nosso GEF está repleto de homossexuais que nunca nos deram um pingo de trabalho. Ao contrário, são disciplinados, sérios, discretos no seu estilo, assim como Paolo, e ótimos trabalhadores. Pode constar que eu serei mais um a me desligar do GEF se Paolo for afastado, porque parece que é isso que você está fazendo mesmo, despedindo um funcionário.

Quando eu o apoiei na composição da sua chapa para a diretoria, não imaginava que seria um zero à esquerda. Eu quero o direito de ter minha amizade e meu afeto por Paolo. Acho que, se esse assunto veio ao grupo e se diluiu dessa forma, o mínimo a ser feito agora é ouvir cada pessoa do grupo. Reitero que não aceito uma decisão pronta da diretoria nesse assunto. Temos o direito de nos manifestar e não estamos aqui apenas para seguir ordens. Escreva isso: eu não sou seu funcionário, sou seu companheiro de grupo!

— E vou mais longe! – disse Suzana. – Estamos aqui nessa discussão toda, e eu queria saber, Maurício: você já ouviu os nossos queridos benfeitores sobre o assunto? O que diria doutor Inácio sobre isso? E dona Modesta? Você, com essa decisão, não só exclui os trabalhadores que têm afeto pelo Paolo, mas toda uma equipe espiritual que tem nos dado tanto em amor, a começar pela sua própria esposa, que foi curada nesta tarefa!

Ao ouvir nosso nome citado, olhei para Inácio, que me deu uma piscada divertida.

— Não, Suzana. Não os ouvi e nem preciso!

— Então só explica mais uma coisinha aqui para essa minha mentezinha perturbada...

— Diga – falou Maurício muito constrangido, percebendo que tinha perdido o domínio da situação.

— Que mal o Paolo provoca na tarefa, sendo homossexual?

— Vocês nunca perceberam nenhuma energia diferente? Eu nunca fiquei seguro com essa tarefa. Havia sempre algo a me incomodar. Para ser sincero com vocês, sempre senti uma energia diferente em Paolo. Bastou saber sobre a conduta dele e tudo foi explicado.

— Explicado?

— Sim, agora fica claro de onde vem essa minha insegurança com a tarefa e o que sinto na presença dele.

— E, por conta da sua insegurança, nós todos pagamos o preço de acabar com uma tarefa?

Silvério está certíssimo! Ouça o grupo sobre o que sentem com relação à tarefa, à mediunidade e à conduta amiga de Paolo. Apure se eles querem trabalhar no sistema antigo, em que a nossa fé na mediunidade é algo embotado e morno. Todos aqui têm percepção clara do trabalho mediúnico de Paolo e da sua conduta límpida, afetuosa e equilibrada.

Na minha avaliação, ser homossexual e tão transparente quanto Paolo foi em sua casa, ao demonstrar seus votos de amor e dignidade, só o torna alguém ainda mais iluminado.

— Olha, se vocês estão dispostos a assumir essa responsabilidade, eu lavo minhas mãos! – desabafou

Maurício, que já se encontrava irritado e não conseguia mais argumentos para manter sua decisão.

Depois do desabafo de Maurício, a reunião tomou, definitivamente, a condição de um ambiente democrático e decisório. Todos falaram o que pensavam com calma e respeito, criando um clima mais saudável. Ninguém apoiou a decisão da diretoria, embora todos tivessem sido muito atenciosos com Maurício e Elvira. Ninguém se ocupou em criticar ou repreender suas atitudes.

As manifestações se voltaram em forma de acolhimento e respeito a Paolo. Maurício desapareceu dentro da reunião, como se tivesse evaporado. Ficou calado e olhando as coisas acontecerem.

E, por incrível que pareça, em meio a tantas conjecturas, Paolo mantinha-se calmo, equilibrado, com um olhar sereno e sempre procurando mentalmente se conectar conosco.

Aproveitando o clima mais ameno que se estabelecera na reunião, nossa equipe espiritual foi se aproximando do grupo. Busquei dona Ermelinda, uma médium de incorporação muito discreta, e fui criando uma sintonia. Repentinamente, ela disse:

— Dona Modesta está aqui e quer falar! Apaguem as luzes.

Maurício olhou imediatamente para Paolo, para observar a chegada de dona Modesta. Concordou em apagar as luzes, alegando que realmente queria ouvir o pensamento dos espíritos sobre o assunto, embora em seu íntimo esperasse encontrar mais uma prova a favor de sua tese.

— Louvado seja Jesus! Que haja paz e esperança entre nós! – falei através da própria Ermelinda, deixando Maurício muito surpreso.

— Venha em paz, dona Modesta! – respondeu o dirigente. Achei que fosse falar por Paolo ou Suzana.

— Hoje não, Maurício. Hoje é um dia especial. Nada melhor que uma mudança, concorda?

— Sim, dona Modesta. Seja bem-vinda e nos desculpe por estarmos tomando o seu tempo com assuntos que deveríamos resolver por aqui.

— Engano seu, meu filho. Esses momentos dedicados ao entendimento sempre são muito importantes. Nós, os desencarnados, é que pedimos desculpas por entrarmos na conversa.

— A senhora acompanhou tudo que está em discussão aqui?

— Mais do que você imagina.

— E o que a senhora tem a nos dizer?

— Muitas coisas, meus filhos. Quero começar dizendo que está aqui ao meu lado uma senhora muito baixinha, de pele clara, com um gorro vermelho de lã. Ela diz que lhe ama muito e seu nome é Mariana.

— Minha avó Mariana? Mas, como? Ela detestava Espiritismo.

— Ela disse que continua detestando e que fez um grande esforço para estar aqui, por você.

— Que bênção! – falou Maurício, sem convicção.

— Ela está lhe perguntando se você se lembra do gorro vermelho.

— Sim, claro que me lembro! Foi um presente meu, quando ela fez oitenta anos.

— Pergunta também se você imagina por qual motivo ela está aqui hoje, exatamente em um momento como este.

— Não faço a menor ideia. Eu sempre desejei uma mensagem dela, mas, por que logo hoje ela estaria aqui?

— Ela fala de um segredo, Maurício!

— Segredo? – indagou Maurício, como se removesse sua mente nas lembranças.

— Sua avó fala de um segredo seu que só ela sabe, meu filho, e é por essa razão que está aqui hoje. Ela me mostra um pé de pêssego, onde vocês conversaram.

— Pé de pêssego! Ah, meu Pai! Lembrei-me do segredo! – falou engasgado, pois somente ela sabia das tendências sexuais de Maurício. Foi a única pessoa a quem ele teve coragem de contar, exatamente embaixo de um pessegueiro.

— Ela quer saber se você se lembra como foi tratado por ela quando compartilhou seu segredo.

— Sim, vó Mariana. Eu me lembro do seu carinho – respondeu como se já conversasse com ela.

— Ela me diz, Maurício, que é isso que você precisa fazer com os outros.

O dirigente não conteve as lágrimas e, aproveitando seu coração sensibilizado, comecei a direcionar o clima da reunião.

— Eu peço a todos vocês que se levantem de suas cadeiras, meus filhos, e deem as mãos uns aos outros, formando uma roda.

Sinceramente, meus irmãos, tenho olhares muito otimistas para os fatos desta noite, considerando as propostas que lhes trouxemos há uma semana.

É necessário colocar as enfermidades morais para fora e avançar com mais legitimidade e amor no coração, deixando de lado as nossas diferenças, para podermos servir com mais eficiência e amor.

Quando partimos para censurar as lutas alheias, estamos, na verdade, em conflito com nossa própria sombra interior.

Conheço com detalhes as dores mais solitárias de cada um de vocês. Inclusive as suas, Maurício.

O dirigente continuava admirado e em lágrimas com a presença marcante de sua avó.

Erguendo uma enfermaria do Cristo nesta casa, teremos condições contínuas de amparar, orientar e acolher a cada um de vocês na cura definitiva. Ao realizar um trabalho dessas proporções, para atender ao pedido de Eurípedes em relação ao submundo astral, estamos, em verdade, assumindo o compromisso de resgatar nossa luz pessoal ainda submersa nas sombras interiores.

Assim como aconteceu a Saulo, eu transfiro para você, Maurício, a pergunta de Jesus: "Por que me persegues?".

Todo assunto que envolve uma convivência mais fraterna entre os discípulos do Cristo deve ter prioridade no centro espírita. Temos aqui uma oportunidade para o exercício do amor nas diferenças e com os diferentes. Amor por Paolo, por ser quem ele é e como é. Amor por você, Maurício, por pensar da forma que pensa.

O preconceito é uma forma de pensar que afasta o homem do que ele sente e acaba por desunir. Entretanto, qual de nós já se encontra imune a essa doença?

Maurício, meu filho, a homoafetividade é também um caminho para Deus.

Paolo, seu exemplo de convicção e seu sentimento cristão são expressões de grandeza que comprovam o que estou dizendo. Você é um homoafetivo, e daí? Você ama!

Suzana, Silvério, Elvira e demais membros do grupo, a sinceridade de vocês é uma luz que pode ter salvado essa embarcação de um naufrágio. Olhemos um para a luz do outro e tenhamos lucidez frente à riqueza das oportunidades de servir e aprender que batem na nossa porta.

Até seus familiares, como a avó Mariana, se uniram em esforços para evitar que os momentos de testemunho dessa hora colocassem a perder a bênção dos caminhos novos que os aguardam nas tarefas do GEF. Reunimos uma enorme família espiritual para acolhê-los neste instante de fragilidades e descuidos.

Elvira, venha até aqui, minha filha, e me abrace.

— Dona Modesta, querida, abranda a minha dor! — pediu em choro descontrolado a trabalhadora, que já estava quase correndo para me abraçar mesmo antes de eu lhe pedir.

— Eu também sou mãe e sei o que você sente. Sei como queria esse colo! Ame seu filhinho como nunca, mulher. Ele precisa muito do seu amor e da sua aceitação.

— Aceitar, dona Modesta?

— E o que mais você pode fazer? Por acaso você tem algum dom capaz de mudar a orientação sexual de seu filho?

— Sinto-me um fracasso. Não sei o que fiz de errado.

— Você não fez nada de errado. Seu filho já tem essa tendência há seis reencarnações. Jamais teria como mudar por agora. Ensine-lhe a amar a si mesmo, mostre a ele que você não o repudia, que o amor está acima do sexo e que a dignidade é mais importante que os preconceitos do mundo.

— É tudo que eu gostaria de fazer, mas não tenho conseguido.

— A partir de hoje, Elvira, tudo será diferente.

— Por que, dona Modesta? O que mudou?

— O que mudou foi que seu coração falou mais alto e iluminou as sombras que apavoravam sua maneira de entender. Sua manifestação desesperada, ao desistir de julgar Paolo, foi o rompimento com sua velha atitude de rotular o outro pelo que você pensa.

— É verdade, deixei meu coração falar mais alto mesmo!

— O que nós precisamos fazer para vencer esse velho impulso de julgar é aprender a nos aproximar mais daquilo que sentimos e desenvolver, por meio de uma educação emocional bem orientada, os sentimentos universais que se conectam na órbita do amor.

— A vontade que tenho neste instante é de abraçar meu filho e pedir perdão!

— Faça isso, Elvira. Todos nós estamos precisando de perdão diante das nossas alucinações orgulhosas, que nos fazem acreditar que podemos julgar e sentenciar nosso próximo.

— Não é a orientação sexual que determina a sintonia, mas como a pessoa vive sua sexualidade. A dignidade ou a ausência dela em assuntos de sexo é que determina a sintonia. E dignidade significa responsabilidade, afeto e alegria no uso de nossas forças sexuais.

Conheço médiuns homossexuais assumidos, com trabalhos mediúnicos sérios e de ótimos resultados, tanto homens como mulheres. Até mesmo em nossa equipe espiritual temos homoafetivos. O que leva um médium ao encontro da luz é sua conduta e não sua orientação sexual.

De nossa parte, caso isso faça alguma diferença para vocês, acolhemos com amor fraternal e com profundo respeito a conduta digna e a escolha de Paolo, pedindo a Deus e aos espíritos da luz que o fortaleçam cada vez mais, para que esse exemplo de humildade e equilíbrio o norteie nos dias vindouros, abençoando seu lar, seu parceiro afetivo e todos nós, seus irmãos de ideal.

Percebendo que o ambiente da reunião estava completamente resgatado, propus que todos se ajoelhassem, ainda de mãos dadas, e procurei concluir aquele momento precioso. Entrei na roda que estava formada e fiquei ao lado de Maurício, dando a ele a minha mão através de Ermelinda, a médium pela qual me manifestara.

— Oremos juntos em favor desse nosso encontro com Jesus, para que a luz do afeto cristão nos mantenha unidos nos serviços do bem.

"Senhor Jesus, Mestre bendito!

Perdoe nossas tribulações de amor ainda imaturo e ilusões enfermiças.

Estamos aqui, irmanados, com nossas dificuldades e desafios de crescimento, em busca de orientação e cura, suplicando Seu amor para que as nossas diretrizes no bem se fortaleçam e que, a partir de hoje, a sombra de nossos preconceitos possa diluir-se ante o facho luminoso de Sua bondade, de Sua alegria excelsa e de nossos melhores sentimentos cristãos."

Após a pequena prece, nos levantamos ainda de mãos dadas. O grupo estava profundamente sensibilizado e não havia quem não chorasse. Foram muitas emoções de uma só vez. Então propus:

— Já que estamos alimentados pela luz do Mais Alto, voltemos ao serviço em favor dos nossos semelhantes, que vieram a esta casa de amor em busca de amparo, paz e resignação. Busquemos o trabalho, se assim estiverem de acordo, e peçam à Cibele que entre para o tratamento. Inácio vai atendê-la através de Paolo.

Que o Senhor Jesus os proteja nos novos caminhos!

Despeço-me desejando paz e esperança a todos e peço que se abracem.

Todo o grupo se abraçou. Maurício, ainda muito sensibilizado, não pensou duas vezes e pediu para que alguém chamasse Cibele, e foi logo arrumando a sala para a nova etapa de trabalhos.

Nada mais precisava ser dito. Estávamos nutridos e o trabalho em favor do próximo nos chamava para distribuir a fartura que havíamos recebido.

O trabalho transcorreu em clima de produtividade e segurança e, ao final da tarefa, Maurício fez a prece e pediu um minuto a todos:

— Irmãos, juro que me sinto envergonhado depois de tudo o que aconteceu nesta noite.

Confesso que não sei o que fazer com o que penso sobre o assunto, mas uma coisa é certa, esqueçam minha decisão.

Paolo, receba minhas sinceras desculpas. Vou rever minha forma de pensar. Não sei por onde começar, mas vou pensar no assunto.

— Você não me deve nada, Maurício. Acima de minhas necessidades, o que sempre me preocupou foi o trabalho que nos une em nome do Cristo. Por ele, sim, eu temi. Eu peço que essa linda equipe espiritual que nos une nesta tarefa lhe ajude em seus esforços para rever seu ponto de vista. Reconheço que não será fácil, mas acredito em sua intenção. Sou seu irmão e, pelas experiências que já passei, reconheço o quanto é difícil mudar esse tipo de pensamento. Se eu puder fazer algo para ajudá-lo, conte comigo!

— É o que eu consigo fazer hoje, Paolo: rever minha decisão. Voltemos todos para casa e me perdoem. Não sei mais o que dizer.

Vários companheiros, entre eles Paolo, foram abraçar Maurício e retornaram aos seus lares.

Naquela noite, mesmo por entre os percalços e tropeços, o ensino glorioso do Cristo ecoou na alma de todos os que tiveram a felicidade de viver, naquela ocasião inesquecível, sua sublime orientação para nos amarmos uns aos outros como Ele nos amou.

7.

Dirigentes também precisam de ajuda

"Hipócrita, tira primeiro a trave do teu olho e, então, cuidarás em tirar o argueiro do olho do teu irmão."

Mateus 7:5.

Encerradas as atividades daquela noite, solicitei a dois guardiões que auxiliassem Maurício no desdobramento pelo sono, pois gostaria de vê-lo no Hospital Esperança.

Passadas duas horas depois do término da reunião, recebi a notícia de que o dirigente não conseguia efetuar seu deslocamento astral. Ele se mantinha com a mente fixa nas recordações do que acabara de acontecer, muito atordoado, e supondo-se vítima de uma obsessão.

Não tive outra alternativa a não ser ir até sua residência. Era um instante muito crucial. A mente de Maurício fervilhava de dúvidas e intenções.

Ao chegar, vi com clareza a posição mental de confusão e tormenta. Apesar de estar dormindo no corpo, ele se encontrava dentro do quarto, espiritualmente desdobrado, andando de um lado para outro.

Solicitei aos amigos que me acompanhavam que dirigissem uma concentração de energias sobre o sistema nervoso vegetativo do seu corpo físico e, imediatamente, foi como se um vínculo energético tivesse sido cortado. Ele saiu do circuito mental fechado e me viu.

— Dona Modesta! A senhora na minha casa? Ou é um sonho?

— Sou eu mesma, meu filho. Vamos conversar um pouco?

— Queria ver minha avó Mariana! Ela está aqui?

— Nesse momento não, Maurício, mas quase todas as noites é ela quem embala seus sonhos e durante o dia tenta ampará-lo nas lutas que você vem enfrentando. Acalme-se, vamos conversar.

— Dona Modesta, estou obsediado? Por que sentia energias tão ruins em Paolo? Ele está mesmo debaixo de forças negativas para afundar o centro? Depois de tudo que aconteceu hoje no GEF, já não sei mais o que pensar e nem o que fazer! A senhora disse que sabia de minhas lutas pessoais, então conhece o meu segredo com vó Mariana? Como admitir uma conduta tão negativa no sexo como a de Paolo? Tudo que aprendi sobre o assunto me levou a outra direção. Nem sei se devo mais voltar ao GEF, depois de tudo que aconteceu. A senhora percebe como estou desorientado?

— Dê-me suas mãos, Maurício – e peguei as mãos dele em minha mão esquerda. Coloquei a direita espalmada sobre o seu chacra frontal.

Repita comigo, meu filho: "Pai, tem piedade de mim, que carrego a alma soterrada pelos escombros da dor. Fortalece-me para que eu consiga me conectar com minha luz e possa sair desse tormento e dessa fixação. Acalma meu coração e que os Seus raios de compaixão e amor possam me trazer harmonia."

Acalme-se, Maurício, e respire fundo. Acalme-se! Respire fundo!

Após alguns momentos, ele começou a se tranquilizar e eu pedi que se sentasse à beira de sua cama.

— Meu filho, a primeira orientação a lhe passar é a de que me ouça com toda atenção possível e sem me interromper. Estamos tomando providências para que você se lembre de tudo quando regressar ao seu corpo material. Depois, você poderá fazer suas perguntas.

Não é a homossexualidade que determina o tipo de energia que você sente em Paolo.

É muito comum, nos relacionamentos humanos, detectarmos em alguém alguma coisa que nos incomoda, e isso ocorre mais frequentemente quando aquela pessoa tem algo que corresponde às nossas próprias mazelas. Não é a única causa que explica esse desconforto, mas, no seu caso, é exatamente isso o que acontece.

Eu sei as lutas e os desafios enfrentados por você com a homossexualidade reprimida e quais foram as reais consequências psicológicas disso para você.

Para cada pessoa, a sexualidade é vivida, sentida e aplicada de modo muito particular. Por essa razão, traçar normas ou diretrizes coletivas é uma postura de pouca utilidade.

Para você, a contenção atendeu até agora; entretanto, trouxe efeitos na sua forma de entender e viver a sua sexualidade. A própria rigidez de conduta durante seus últimos 30 anos de vida reflete que algo está em desarmonia na sua vida psíquica.

A repressão pode, sim, trazer ótimos resultados para o espírito que decidiu, por várias razões, não viver mais a experiência homossexual, dependendo de pessoa para pessoa, e também de como ela aplica sua energia sexual perante a vida. Entretanto, é necessário apurar quantas foram as reencarnações em que o espírito viveu a homoafetividade, qual o grau de intensidade afetiva nas relações, o que essas experiências trouxeram a seus arquivos mentais ao longo dessas vidas e, ainda, saber por qual motivo o espírito decidiu por essa mudança.

Cada história é uma história. Haverá quem opte pela sublimação das forças sexuais e, no entanto, vai desenvolver uma conduta patológica.

Sexo e vida mental andam juntos nos horizontes da saúde e da doença. E a abstinência não pode ser recomendação para todos diante dos apelos sexuais.

Se para alguém, como para Paolo, a experiência homoafetiva é a única alternativa de prazer, vida amorosa e alegria no compartilhamento do afeto, que ela seja vivida com os melhores ingredientes do respeito, da fidelidade, do amor e da dignidade.

A postura de Paolo mexeu com seu sombrio porque ele é um modelo do que possivelmente você desejaria ser. Ter de reconhecer isso é uma agressão ao seu atual estilo de vida. Você tentou eliminar por fora o que não consegue por dentro, meu filho.

Paolo não está obsediado e, para sua orientação, um estado mental como o seu é muito mais propício a uma obsessão que o dele. Você está indefinido em seus desejos. Sua mente se mantém na faixa das fantasias com homens e sua vitalidade masculina está quase nula, causando sofrimento à sua companheira.

Você está em um momento muito delicado de decisão, Maurício. É isso que queria lhe dizer.

— Dona Modesta de Deus! Minha situação está ruim demais! O que devo fazer?

— Procure ajuda.

— Que tipo de ajuda? Desobsessão?

— Nada disso, Maurício. Que mania é essa dos espíritas com desobsessão! Exorcize primeiro os seus próprios demônios. Busque ajuda psicológica, meu filho. Sua situação não se resolve com passes, água fluidificada e desobsessão. Isso você já tem recebido a contento na tarefa de tratamento do GEF. Você precisa de honestidade emocional, clareza de propósitos perante a vida. Procure o autoconhecimento.

— Dona Modesta, acaso a senhora estaria me recomendando... assumir?

— Sim, de alguma forma. Recomendo-lhe assumir que tem algo dentro de você a resolver. Assumir sua luz e não sua tormenta. Assumir que merece ser feliz e que necessita realizar algo para ser quem você é, ajustando-se com seu projeto reencarnatório.

— A homoafetividade está em meu projeto?

— Você é que vai descobrir. Isso não pode ser respondido. Essa consciência tem que ser conquistada.

— Isso me angustia muito, mentora querida!

— A angústia pode ser motivadora quando a alma cansa de sofrer.

— Então terei que assumir a homoafetividade?

— Não sei. Se for necessário...

— Eu tenho filhos e uma esposa. Tenho parentes.

— Sim, eu entendo sua opressão. Mas nenhum deles vive as dores que você experimenta, nenhum deles é também responsável por você ser quem é. Não se atormente com quem está à sua volta no momento, porque o que tem mais valor agora é você olhar para sua realidade. Compreender suas reais necessidades, escutar o grito da sua alma. Depois, é outra etapa.

Assumir, não a conduta homoafetiva, mas assumir que você é homoafetivo. Olhar para isso sem os preconceitos e sem as hipocrisias que tanto lhe fazem sofrer já mudará muito o seu estado mental. Será um avanço parar de conflitar com sua sexualidade.

— Mas, e se acaso eu resolver que desejo ser assim?

— Seja.

— As coisas não são tão simples, dona Modesta.

— Eu reconheço e, por essa razão, recomendo como primeiro passo ajuda terapêutica. Não queira tomar decisões sem antes investigar com detalhes sua realidade pessoal. Muito antes de mudanças comportamentais, você necessita se encontrar e ter um olhar generoso com suas tendências e desejos sexuais. Isso vai lhe fazer enorme bem! Nem todos que assumem essa coragem de se olhar necessariamente decidem mudar a conduta sexual. Existem muitos casos.

— E a quem procurar, dona Modesta?

— Lembra-se do doutor Júlio?

— Sim, eu me lembro.

— É o melhor e mais preparado profissional a ser procurado neste momento. O fato de ser perseguido pelo movimento de unificação por tratar abertamente dos assuntos da vida psicológica e sexual nos centros espíritas, sob a ótica espiritual, ajudou-o a entender profundamente as necessidades humanas nessa área.

— Parece que tudo está ruindo na minha vida, que impressionante! Paolo, João Cristóvão, agora o Júlio, que nunca valorizei, enfim, estou sendo obrigado a rever meus conceitos e meus julgamentos infelizes!

— Que bom que você está consciente disso, meu filho!

Sem querer generalizar, em uma comunidade espírita, em que se prega tanto a rigidez de padrões, ter a coragem de rever o entendimento é uma atitude a ser aprovada. Há uma hipnose coletiva sombria na comunidade espírita que é muito difícil de ser rompida, e são poucos os que a ela não se associam.

— Existe, por acaso, uma obsessão coletiva na comunidade espírita?

— Não se trata de obsessão. Somos espíritos doentes em busca de cura e a doutrina é o sagrado remédio de que necessitamos tomar para nossa recuperação. Somos hipnotizados pelas nossas próprias sombras milenares.

— Bom, também não quero ficar falando de movimento espírita. Faço parte dele e nesta noite, por muito pouco, a minha atitude explodiria um barril de pólvora no GEF. Sinto-me muito incomodado ainda com tudo o que aconteceu, minha irmã. Como olhar de novo para Paolo? E para o grupo? Apresentei minhas desculpas, mas não sei se isso é o suficiente para desfazer todo o mal-estar que causei.

— Maurício, o que aconteceu no GEF esta noite é a marca mais fiel da realidade dos grupos espíritas, em sua maioria. Pessoas falíveis, com pontos de vista rigorosos, pessoas com atitudes impulsivas, outras mais ponderadas. Com a soma de valores e imperfeições, todos nós, encarnados e desencarnados, tivemos nesta noite uma grande vitória. Grupo espírita é isso.

— O grupo pode ter saído vitorioso, dona Modesta, porém, eu...

— O que você sente?

— Sinto que tenho um grande desafio a vencer.

— Que ótimo!

— Ótimo, por quê?

— Antes de tudo acontecer, você sequer admitia pensar no assunto dessa forma.

— E agora tenho muito medo do que me espera. Já passei por momentos semelhantes alguns anos atrás. Instantes de tormenta sexual, lutas e conflito interior. Receio que tudo isso volte.

— Vai voltar sim, meu filho! Todavia, agora você está mais maduro, mais experiente, com conquistas apreciáveis para superar e saber que destino dar ao seu combate interior.

— Tenho medo. Muito medo do que me espera.

— Melhor! Esse medo será fator de segurança, vai se transformar em limite. A caminhada que lhe espera não pode ser feita aos saltos.

— Eu vou precisar muito da sua ajuda, dona Modesta. Não tenho mais em quem confiar.

— Tem sim, Maurício. Há uma família espiritual ao seu redor. Sua avó e outras entidades do bem lhe amparam os caminhos.

— E a senhora pode me explicar por que Paolo não sai da minha cabeça? Não consigo parar de pensar nele.

— O comportamento de Paolo, como já lhe disse, revirou todas as suas estruturas emocionais. Você sempre o apreciou pelo equilíbrio e comprometimento, além da gratidão de ter curado sua Juliana – e olhamos para a cama onde se encontravam, lado a lado, os corpos dele e de sua bela esposa, em sono profundo.

Sua apreciação de um comportamento exemplar foi completamente invadida a partir do conhecimento do casamento do médium. Sua mente não encontrou material para conectar a orientação sexual e a conduta reta que nele apreciava.

Não se trata de Paolo, embora sua mente esteja fixa na imagem dele. Trata-se das novas conexões e pontes mentais que seu entendimento deverá conquistar com o auxílio da bondade e do respeito, com relação a algo que para você era inconcebível.

— Sou um dirigente, dona Modesta! É imperdoável, a meu ver, que eu tenha feito tanta recriminação. De que me serviram tantos anos de Espiritismo, se na hora dos testes não só me descubro falível, mas como o pior doente, aquele que acusa o outro por causa do que não consegue resolver em seu próprio coração?

— Isso é verdade, Maurício! No entanto, a chave desse assunto está na forma como você se trata.

— Como assim, dona Modesta?

— Você construiu uma conduta avessa às suas tendências homoafetivas e passou a se tratar com muita cobrança e crueldade. Isso gerou uma energia que atraiu para perto de você as experiências que você recrimina em si mesmo.

Já notou com que frequência, ao longo dos anos, pessoas homoafetivas sempre demonstraram interesse por você?

— É verdade. Nunca tinha me dado conta disso!

— O que você não sabe é que aqueles que se interessaram por você, sensíveis às suas energias psíquicas, tinham em sua estrutura a mesma forma de tratamento desumano e cruel consigo mesmos.

Observe que com Paolo isso não aconteceu. Exatamente porque ele se encontra em outra faixa de vivência. Seu incômodo, porém, era enorme com a pessoa dele, mesmo sem conhecimento da vivência do médium.

— Eu sou um homofóbico, dona Modesta?

— Dentro dos estreitos conceitos humanos, sim. Para nós, em uma visão cristã, você está sendo chamado a rever sua vida, seu modo de pensar e sua conexão com a realidade.

— Sou um preconceituoso. Envergonho-me de ser o que sou, sendo espírita.

— O espírita, meu filho, como qualquer religioso, é um aprendiz.

A religião é como um remédio prontinho para ser tomado, e o religioso é o doente que precisa dele.

Quando o religioso acredita que sua religião pode ajudar outras pessoas, ele apresenta sinais de que está começando a dar valor ao que está ingerindo.

Quando o religioso acredita que sua religião é o único remédio que pode curar a todos, ele apresenta sinais de como está doente e do quanto precisa do remédio que está tomando.

Quando o religioso acredita que está curado e que ele é mais importante que a religião, ele demonstra o nível da sua loucura.

Religião é uma bênção, quando não fazemos dela um trampolim para o nosso ego.

Que adianta ser religioso e continuar a mesma pessoa? Religião só é remédio quando encontramos nela algo que nos torne melhores.

Examine a si mesmo e verifique se você está se tornando alguém mais querido, mais leve, mais amável e mais útil depois que começou a ingerir o remédio da sua religião.

— Eu reconheço minha melhora.

— Pois então! Não tome a ocorrência dessa noite como se ela definisse tudo a seu respeito. Você apenas tem um desafio, diga-se de passagem, antigo, que foi ignorado por um tempo, e a vida lhe chama agora a resolver. Se não tivesse esses anos todos de estudo e serviço na doutrina, imagine que rumos as coisas poderiam tomar!

— A senhora tem razão!

— Nunca o nosso investimento em espiritualidade deixa de ter valor para o nosso progresso.

— Nossa, dona Modesta, perdoe-me! Estão passando certas coisas pela minha cabeça que me deixam profundamente miserável e infeliz.

— Diga!

— E se um dia Paolo ou alguém do grupo souber de minhas lutas pessoais?

— Qual o problema?

— Como ficam as coisas? Que absurdo! Há algumas horas eu estava convicto, como dirigente, de que tinha autoridade e estava amparado para expulsar alguém da obra que não me pertence e, de repente, a luz que veio em meu favor foi tão exuberante que me sinto um miserável. Queria curar a enfermidade do GEF, sendo que eu sou a parte mais doente do processo.

— Que bom, meu filho, que em tão poucas horas você recuperou a lucidez! Nem queira saber o que temos enfrentado em outros ambientes espíritas por muito menos.

É gente sendo afastada da tarefa por ser fumante, outras pessoas sendo recriminadas porque zelam pela vaidade e cuidado pessoal. Recentemente, uma professora de musculação foi afastada da evangelização. A alegação dos dirigentes? Ela estava dando um péssimo exemplo às suas crianças com a vaidade do corpo, que é algo transitório.

A rejeição de alguns companheiros de doutrina à beleza, ao dinheiro e ao prazer é algo que demonstra um alto grau de desajuste interior. As incoerências não param por aí e nem valem a pena mencionar.

O que aconteceu no GEF esta noite ficou na medida cristã e não poderia ser diferente.

O grupo tem muitos valores e conquistas. Um grupo espírita cristão não é formado por pessoas perfeitas, mas por pessoas dispostas a se entenderem. A concórdia parece ser a mais difícil conquista dos agrupamentos doutrinários.

Vocês foram surpreendidos pelos seus próprios valores. A coragem de Suzana, a honestidade de Elvira, a serenidade de Paolo, a ponderação de Silvério e cada elemento do grupo, com sua parcela de luz, colaborou para os fins alcançados.

— Somente eu fiquei fora desse contexto, não é, dona Modesta?

— De forma alguma. Sem humildade, você não passaria no teste. Você reconheceu pelo coração aquilo que a razão não teve como manter em seu pensamento. Isso é humildade!

— Se não fossem vocês, as coisas poderiam ter ido de mal a pior!

— Superamos, Maurício! Foi uma vitória do bem, uma vitória do amor! Isso é o que importa. Saímos todos mais fortes e mais experientes de tudo isso.

— Com certeza! Olhando para minhas necessidades, dona Modesta, fico pensando no que me faltou. Acreditei piamente que o serviço devotado ao próximo e o conhecimento espírita fossem os caminhos da libertação da alma. Tantos anos passados nessa linha de ideal e ainda procedo de forma tão infantil! O que será que faltou, dona Modesta?

— As duas bandeiras mais iluminadas do Espiritismo: o conhecimento espiritual e o amor ao próximo, meu filho. Por incrível que pareça, estas são também as duas principais razões de vários companheiros de ideal chegarem aqui no mundo espiritual com uma terrível sensação de fracasso e queda interior.

— Como pode acontecer isso? Aprendemos algo de forma errada?

— Aprendemos sim, Maurício. Aprendemos a usar o conhecimento para alimentar nossa soberba cultural e o serviço ao próximo para nutrir nosso orgulho de grandeza.

O que faltou está nos bastidores dessa soberba e desse orgulho. Faltou amor a si mesmo, o cuidado a si mesmo, porque a informação doutrinária e o amor ao próximo sem esforço de mudança interior são caminhos perigosos para almas em nosso estágio de evolução.

O amor a si próprio, por causa da dilatada ausência de habilidades emocionais, passou a ser considerado um ato de vaidade na comunidade espírita e foi difundido como uma atitude de egoísmo.

Isso incentivou o pensamento de que, quanto mais renúncia pessoal e esclarecimento, mais espiritualizada seria a criatura. Com essa cultura da negação de si próprio, surgiram adeptos fervorosos da ideia evangélica de que "a felicidade não é deste mundo"[1], defendendo ideias de que a grandeza da alma depende do padecimento do corpo e da negação dos interesses pessoais.

Essa foi a base para que os fanáticos e alienados incorporassem culturalmente a definição errada de desprendimento e iluminação.

Por isso, como lhe disse, afastam professoras de musculação dos serviços doutrinários ou pessoas de hábitos que eles acham nocivos, julgando exteriormente os seres humanos por meio de padrões infelizes, como o que é e o que não é ser espírita. Essa é uma lamentável atitude, proveniente das nossas milenares hipocrisias.

Se alguém se afasta das atividades por um motivo pessoal, está sendo invigilante.

Se alguém participa de tarefas ou responsabilidades no centro e resolve dedicar momentos para um esporte ou diversão, está utilizando mal o tempo, que é escasso.

Essas posturas são defesas insensatas, provenientes da nossa pobreza espiritual, algo próprio de almas como nós, que ainda não conquistamos nossas qualidades espirituais legítimas. Faltou isso a você, Maurício.

---

1 *O Evangelho segundo o Espiritismo*, capítulo 5, item 19, de Allan Kardec, Editora FEB.

Faltou também tempo para cuidar de você. Há uma cilada, construída pela crença de que, realizando trabalhos pelo próximo e armazenando cultura espírita, estamos a caminho da iluminação. Isso necessita de revisão e complemento na forma como estão sendo aplicadas e entendidas as propostas mais divulgadas pelo movimento espírita.

Esse complemento é a inclusão de si mesmo no processo. Isso muda toda a concepção do que é recomendável para que a alma conquiste, de fato, paz interior e possa amealhar seus valores eternos.

— Pobre de mim, dona Modesta, se adotasse essa forma de pensar perante os órgãos oficiais do Espiritismo!

— Você mesmo, Maurício, colocou-se dentro dessa prisão; fechou a cela e jogou a chave para longe. Foi uma decisão pessoal.

— Como assim?

— Na seara espírita, ninguém é obrigado a seguir alguma entidade institucional ou balizar-se exclusivamente nesse ou naquele líder. O respeito e o amor que nutrimos uns pelos outros, inspirados nos ensinos de Jesus e nas bases morais do Espiritismo, são a nossa única e verdadeira baliza.

A beleza da liberdade de pensar foi proposta por Allan Kardec:

"O livre-pensamento, na sua acepção mais ampla, significa: livre exame, liberdade de consciência, fé raciocinada; ele simboliza a emancipação intelectual, a independência moral, complemento da independência física; ele não quer mais escravos do pensamento do que escravos do corpo, porque o que caracteriza o livre-pensador é que ele pensa por si mesmo e não pelos outros, em outras palavras, que sua opinião lhe pertence particularmente. Pode, pois, haver livres-pensadores em todas as opiniões e em todas as crenças. Neste sentido, o livre-pensamento eleva a dignidade do homem; dele faz um ser ativo, inteligente, em lugar de uma *máquina de crer.*"[2].

Você supervalorizou esse processo de formalização do Espiritismo, que, embora tenha sua utilidade inegável, é um dos incentivadores da mentalidade rígida que o espírita adotou nessa visão elitista, que distancia o homem da sua verdadeira necessidade.

O estudo e o serviço doutrinário são bandeiras fundamentais desses núcleos. Nada contra isso. Porém, foram inspiradas em padrões muito rígidos e que, de alguma forma, sustentam essas miragens de autonegação e desprendimento de si mesmo,

---

2 *Revista Espírita*, fevereiro de 1867, Allan Kardec.

recriminando o cuidado pessoal como sendo uma conduta nociva e desequilibrada.

— Entendo o que a senhora explicou, mas digo novamente: pobre de mim, pois seria definitivamente excluído da doutrina se manifestasse o que penso e o que sinto.

— Ter uma forma diferente de interpretar o Espiritismo nunca foi a causa real dos conflitos entre irmãos do ideal. Ter pontos de vista diferentes é muito saudável para qualquer doutrina que deseja provar sua consistência em relação ao progresso.

O que causa todo esse processo de inaceitação e exclusão na comunidade espírita é o fato de se pretender ter a palavra final sobre os conceitos espíritas ou modelos de trabalho, e não respeitar quem pensa e age diferente.

Em verdade, você não teme pensar diferente, teme o enfrentamento, porque realmente quem pensa diferente na comunidade passa por "poucas e boas".

— Eu jamais me veria no papel de um renovador, tendo que enfrentar as correntes de pensamentos contrárias.

— Conservadores e renovadores, cada qual com seu papel, cumprem funções importantíssimas em nossa comunidade, mas quando um ou outro adota uma atitude de desrespeito aos esforços alheios, ambos perdem a razão e escolhem a contramão da postura que deveria orientar a todos nós que amamos o Espiritismo: a fraternidade.

Cada um, a seu modo, tem uma utilidade para a causa espírita quando se guia pelo amor e pela bondade com o próximo.

O que pode desestruturar a comunidade espírita não é a diferença na forma de pensar, fora dos padrões, mas a nociva incapacidade de nos amarmos nas nossas diferenças.

Contudo, pensemos com clareza. Embora você não fizesse esse autoenfretamento por uma questão de opinião própria, terá de fazê-lo agora por uma questão de necessidade pessoal.

— Puxa! Agora a senhora tocou em um ponto crítico!

— Acaso você acredita que os renovadores estão apenas realizando transformações por querer ofender ou confrontar a situação atual do Espiritismo?

De forma alguma. Eles são idealistas que, acima de tudo, buscam caminhos diferentes em razão de suas próprias necessidades de aprendizado. Resolveram parar de censurar as sombras alheias e buscam perceber a trave que se encontra em seus próprios olhos. É o que agora acontecerá a você, como buscador de suas respostas pessoais.

— Buscador de respostas! Gostei da expressão!

— Todos somos eternos buscadores da verdade, meu irmão querido!

— Tenho muito receio das respostas que vou encontrar. Começarei pedindo ajuda, como frisou a senhora. Afinal, nós, dirigentes, somos humanos e falíveis.

— Exatamente, Maurício! Essa é a questão. Dirigente não é anjo ou tem necessidades espirituais diferentes dos seus irmãos de caminhada.

— Fico pensando... e se eu não tivesse a oportunidade que estou tendo, como nesse chamado que recebi agora junto ao GEF, num episódio completamente imprevisto e despertador que me trouxe um novo olhar para minhas dores? Se nada disso tivesse acontecido e desencarnasse com as angústias e os conflitos em torno da homossexualidade, eu desencarnaria com problemas nessa área?

— Desencarnaria com seu único problema.

— Qual?

— Ter de olhar para essa questão da homossexualidade com a mesma atenção e interesse para os quais agora você está sendo chamado.

— Quer dizer que a homossexualidade permanece com a gente no mundo espiritual?

— O mundo físico, meu filho, é que retrata o que existe do lado de cá.

— Por acaso ficaria livre das regiões inferiores, mesmo sendo homoafetivo?

— Você tem enormes chances de varar os umbrais e ser bem recebido no mundo espiritual. Embora tenha que se resolver, sua conduta tem primado pelo dever e pelo cuidado em não ferir outras pessoas, e isso já é um avanço. Ainda assim, conflito é conflito. Seja no mundo físico ou espiritual, resta a você o desafio de superá-lo do lado de cá, caso não o faça enquanto encarnado.

Com sua conduta repressora, você evita as provas do compromisso afetivo com outras pessoas; no entanto, a prova de seu soerguimento consciencial permanece por ser concluída do lado de cá. Do jeito que está hoje, muito provavelmente não terá problemas com os outros, apenas com você mesmo.

Em um processo terapêutico diante de conflitos íntimos como os seus, o primeiro passo será migrar com essa culpa que você sente para o consciente. Tomar contato com essa dor interior.

— Sinto-me mesmo uma farsa carregando esse assunto em minha alma!

— Você não é uma farsa. É alguém que procura a si mesmo em meio a muitos "eus". Essa é a melhor definição para um buscador da verdade.

Procurava desenvolver os assuntos com Maurício sempre o trazendo para si mesmo. Cada assunto abordado oferecia a sua mente uma nova conexão de ideias e sentimentos. Isso o distraía e, paulatinamente, sem que ele percebesse, saía daquele circuito mental que se encontrava antes do nosso diálogo. A conversa foi longa e ele se sentiu muito mais ajustado intimamente após as reflexões, quando encaminhei o assunto para o encerramento.

— Sente-se melhor, Maurício?

— Muito aliviado!

— Tenho outras obrigações e vou retornar ao Hospital Esperança.

— Sou muito grato por tanta bondade de sua parte, dona Modesta, gastando seu tempo com uma pessoa como eu.

— Estou investindo no bem, meu filho. Só isso! Cuidando de você, faço a mim mesma o que recomendou Jesus: tiro primeiro a trave do meu olho, e assim posso ajudar a tirar o argueiro do olho dos meus irmãos.

8.

Parceria nos serviços mediúnicos

"[...] e a que caiu em boa terra, esses são os que, ouvindo a palavra, a conservam num coração honesto e bom e dão fruto com perseverança."

Lucas 8:15.

No dia seguinte foi marcada uma reunião de urgência no Hospital Esperança, para algumas avaliações necessárias sobre nossas frentes de trabalhos mediúnicos e assuntos afins.

— Bom-dia, Inácio!

— Bom-dia, Modesta! Chegou cedo!

— Nossa reunião está marcada para as oito horas, não é?

— Sim. Ainda faltam trinta minutos.

— Tive uma noite de muitas ideias e pulei mais cedo da cama.

— E eu que achei que, ao desencarnar, nos livraríamos de acordar de madrugada por ter uma mente fértil! Parece que piorou!

— Bem lembrado! Muitas vezes fico recordando aquela época, no Sanatório de Uberaba.

— É verdade! Seu marido tinha razão de se queixar. Qual mulher em 1940 chamava o marido, de madrugada, para visitar um sanatório?

— As tarefas do sanatório foram o início de nossa redenção, Inácio. Não podia mesmo haver limites ou algemas que nos impedissem. Colocamos nossos trabalhos espirituais acima de quase todos os nossos compromissos. E não me arrependo.

— Eu que o diga, Modesta! Ter uma médium como você, a tiracolo, é uma dádiva, mas suportar os médiuns indisciplinados daquela época foi outra coisa.

— Daquela época? As coisas continuam muito parecidas ainda hoje.

— Em minha opinião, estão piores, porque os médiuns de hoje têm transporte, comunicação e cultura. O que têm de menos é o tempo e, por isso, justificam todos os obstáculos para o serviço mediúnico com Jesus. Tudo vem primeiro, e a mediunidade, por último. Acho que, se fizermos uma enquete na comunidade espírita, vamos encontrar mais médiuns que desistiram ou desacreditaram do trabalho do que médiuns ativos.

— Não duvido disso. Mais uma razão para que a nossa tarefa, junto aos amigos no plano físico, se desdobre em esforços produtivos.

— Do contrário...

— Do contrário, Inácio, o manancial mais rico da esperança para um exercício seguro da mediunidade pode ser simplesmente soterrado, como foi em Sodoma e Gomorra.

— É o que anseiam os opositores da causa espírita. Fechar as janelas que a mediunidade abriu para o mundo espiritual e fortalecer o materialismo no homem.

— Não foi outra a proposta dos Sábios Guias da Verdade em *O livro dos espíritos*, quando Allan Kardec indagou, na questão 799, sobre como o Espiritismo poderia contribuir para o progresso, e deles recebeu a seguinte orientação:

> "Destruindo o materialismo, que é uma das chagas da sociedade, ele faz que os homens compreendam onde se encontram seus verdadeiros interesses. Deixando a vida futura de estar velada pela dúvida, o homem perceberá melhor que, por meio do presente, lhe é dado preparar o seu futuro. Abolindo os prejuízos de seitas, castas e cores, ensina aos homens a grande solidariedade que os há de unir como irmãos.".

— Terá Jesus de aparecer novamente no monte com Elias e Moisés[1] para que os homens acreditem?

---

1 Mateus 17:3.

— Trabalhamos para que algo similar não ocorra com a comunidade espírita, Inácio. São tantas normas, tantas censuras! Os médiuns não têm como suportar tantos desafios e, além de suas lutas íntimas, ainda têm de enfrentar uma estrutura que nem sempre contribui com sua produção e melhoria espiritual.

— É por isso que me alegro com os destemidos, aqueles que prosseguem, independentemente de padrões rígidos e limitativos. Em plena época de maioridade espiritual, não fossem eles, que "comeram pelas beiradas" como dizemos os bons mineiros, não teríamos o progresso alcançado. Eu me lembro de que, alguns anos antes de meu desencarne, começaram a surgir em maior escala livros mediúnicos considerados antidoutrinários. Ai, que birra dessa palavra!

Eram assim considerados porque não estavam nos padrões dos livros de Chico Xavier e das obras de Allan Kardec, que são considerados seguros. Muitos desses médiuns hoje nem se dizem espíritas, outros continuaram na doutrina, mas deixaram para trás tudo o que produziram. E quando cheguei aqui no Hospital Esperança, um dos primeiros pedidos de Eurípedes foi para que eu auxiliasse nos serviços junto aos médiuns no mundo físico que ainda tinham algum fôlego para romper essa barreira. Entre eles estão muitos dos medianeiros que hoje produzem os livros mais contestados na seara espírita. Orgulho-me de ter feito parte de algo tão significativo para que um número maior de médiuns esperançosos não desistisse de superar os obstáculos.

— Digo o mesmo, Inácio. Podemos assistir hoje o nascer de um tempo mais promissor. As mentes mais fechadas não estão suportando o peso das mudanças e, mesmo a contragosto, são compulsoriamente obrigadas a repensar seus métodos, ideias e interpretações sobre Espiritismo.

— Mas ainda há muito serviço a ser feito, o que me deixa com alegria no coração! Só lamento que, com essa realidade, vou acabar sentindo falta de algumas labutas.

— Chega de lutas, Inácio! Chegará o dia em que não teremos de escrever mais aos homens sobre os perigos de estabelecer dogmas no Espiritismo. Chegará o dia em que não teremos de ver se repetir a velha armadilha do orgulho humano do Judaísmo, que sufocou a mensagem cristã nas primeiras células puras de Jerusalém; que não teremos de nos ocupar em colocar escoras de sustentação nos caules de árvores que deveriam ser frondosas e belas se elas se nutrissem com o alimento revigorante dos conhecimentos espíritas. Se tivermos que enfrentar labutas, que sejam na luta do bem contra o mal, não para cuidar de doentes que já deveriam estar cuidando de si mesmos.

— Nisso eu concordo com tudo, sem tirar nem pôr.

Enquanto a prosa entre Inácio e eu corria solta, começaram a chegar os integrantes do setor de assistência aos serviços mediúnicos. Quando faltavam cinco minutos para o início da reunião, chegou José Mário, o nosso coordenador, que se apressou em começar os comentários.

— Um bom dia a todos e que Jesus nos proteja! Chamamos a senhora, dona Modesta, para atualizar as notícias e também para receber uma proposta da nossa equipe.

O alerta do nosso benfeitor Eurípedes Barsanulfo para a colonização e o saneamento das regiões degradadas no submundo está em ritmo acelerado. Continuamos nosso projeto de parceria com os grupos mediúnicos no mundo físico.

Hoje já temos um pouco mais de três centenas de equipes cadastradas no Brasil e mais algumas em países do exterior, distribuídas em grupos espíritas e espiritualistas. E isso sem contar as milhares de casas que herdaram na sua história a orientação dos serviços mediúnicos livres e realizados para um conjunto maior de espíritos, como ocorria nas casas doutrinárias nos tempos em que a senhora e o doutor Inácio fundaram o Sanatório Espírita Uberabense.

Nossos propósitos vêm avançando conforme a proposta de objetivos traçada por Eurípedes. A mediunidade livre e responsável nos grupos que atenderam ao apelo de saneamento astral da subcrosta terrena tem atingido resultados muito estimulantes.

Muito além do habitual contato com o mundo espiritual no seu formato mais conhecido e tradicional, tais grupos se organizaram para levar o mundo espiritual aos homens em forma de bondade, alívio e orientação. Não são grupos mediúnicos que apenas assistem espíritos já desencarnados; mais que isso, estabelecem uma ponte entre o céu e a Terra, para o tráfego dos benefícios do Mais Alto a quem ainda se encontra no corpo carnal.

Alcançamos uma marca importante desde que os primeiros núcleos foram organizados. E já se passaram dez anos das primeiras iniciativas! Pelo menos sessenta por cento desses trezentos grupos são equipes novas que se contagiaram pelas ideias de um movimento mediúnico mais livre do dogmatismo limitante.

Ainda assim, como aconteceu com o próprio movimento espírita, os grupos se multiplicam com base em cisões. Raros são os que conseguiram manter a união e a identidade nesses dez anos. O trabalho se multiplica, mas a concórdia não avança na mesma proporção. Os aprendizes dessa nova frente de trabalho estão contagiados pelo ideal de servir, embora ainda tropecem nas lições essenciais da arte de amar e construir o clima da concórdia nos grupos.

Analisemos a experiência pela qual acabamos de passar no GEF, que pode servir de espelho para esse nosso levantamento. Eles já atuam juntos há uma década, com exceção de Paolo e outros poucos. Entretanto, muitos focos da discórdia lá existentes são evitados ou apagados em função do amparo que recebem.

Os melindres e a invigilância continuam sendo as principais doenças de nossos irmãos. A relação de confiança, que seria o escudo de proteção do grupo, ainda não existe a ponto de protegê-los de episódios como os recém-enfrentados. Existe polidez no trato, mas verniz nas atitudes. Mesmo produzindo tanto, o grupo sempre está por um fio. Faltam relações afetivas seguras e autênticas. Deus queira que os desafios superados recentemente os fortaleçam nesse ideal.

Assim como o GEF, a maioria das organizações que atendeu ao apelo de Eurípedes ainda guarda muitos desafios a serem vencidos na convivência. E esse é um deles!

A espontaneidade mediúnica de tais grupos permite uma abundância de fé e um extenso desejo de ser útil. As equipes estão abertas a uma nova ordem de conceitos nos assuntos da mediunidade. Evidentemente, esses são os alvos preferidos das falanges organizadas na maldade, que criam todo tipo de embaraço em função de tantas vitórias e benefícios espalhados. Exploram os conflitos improdutivos com rara facilidade e incentivam a cisão.

O diferencial de coragem e ousadia desses trabalhadores em romper os cadeados colocados no exercício da mediunidade nas fileiras do Espiritismo os habilitou para receber amparo especial dos servidores da luz. Eurípedes Barsanulfo endossou recursos especiais de misericórdia para essas organizações.

A parceria continua, mas o que fazer para melhorar as condições de uma convivência mais amigável e fraterna? Esses grupos, quando entram em perturbação, geram muita demanda dos serviços de proteção, e absorvem o tempo que poderia ser destinado aos propósitos de nosso programa de ação junto à subcrosta em trabalhos que nos exigem muito preparo, doação e renúncia.

No mundo físico, as alternativas de preparo para que os aprendizes da mediunidade possam alcançar melhores resultados se encontram na periferia do problema. Alguns chegam a ser radicais em suas iniciativas. A maioria delas converge para estudos, sobretudo estudos unicamente focados nas obras básicas de Allan Kardec. Cursos, cursos e mais cursos. Não temos nada contra tais iniciativas, mas, sim, quanto à sua clara insuficiência na mudança profunda e consciente do trabalhador. O estudo parece causar uma sensação de solução, porém, poucos avaliam as reais conquistas de tanto investimento. São valorosos, mas não detêm exclusividade na eficiência.

Depois dos esforços legítimos para que os médiuns se preparassem melhor em conhecimento, chega agora o momento de incentivar uma campanha para que se preparem melhor no campo dos sentimentos. Cabeça informada, coração iluminado.

Acumular orientações sobre o exercício mediúnico sem organizar recursos para o equilíbrio emocional é como oferecer um colírio para quem necessita fazer uma cirurgia nos olhos. O colírio alivia, mas uma intervenção profunda será inadiável.

As instituições humanas no planeta avançam para o aprimoramento emocional como condição única de conexão entre culturas e diversidades. É hora de preparar o coração para que ele suporte o peso das informações arquivadas na cabeça. Informação espírita sem que o coração se preencha do amor é cultura sem aplicação para aquisição de conquistas morais nobres.

Que adianta saber que o corpo é passageiro se o médium não consegue uma relação espontânea e afetuosa com os irmãos de pele negra? Vemos então o conhecimento do mundo espiritual na cabeça e o racismo "correndo no sangue".

Que adianta saber que há vida além da matéria se ele vive para comer e beber, ter prazer e fazer cálculos da sua vida financeira? Conhecimento sobre o mundo espiritual na cabeça e indisciplina nos seus hábitos emocionais diários.

Que adianta dizer que acredita na mediunidade se desacredita das produções mediúnicas de seu irmão de tarefa? Conhecimento de Espiritismo na cabeça e ausência de humildade para reconhecer as conquistas alheias e construir relações fraternas legítimas.

Saber tudo sobre a obra de Kardec não é suficiente para sublimar o melindre, impedir a indisciplina e tolher a inveja.

Mais que conhecimento, os servidores de Jesus estão necessitando de amadurecimento emocional, incentivo e orientação para saber o que fazer com aquilo que lhes povoa o coração. Somente depois que passei pelos cursos de educação emocional aqui no Hospital Esperança é que pude sentir na pele a importância dessa proposta.

Diante do exposto, dona Modesta, a nossa equipe de trabalhadores pensou em sugerir à senhora que enviasse ao mundo físico um livro que falasse sobre a urgência dessa proposta.

A senhora aceita nossa recomendação?

— Claro, José Mário! Já pensava mesmo em me utilizar dos canais mediúnicos para enviar ao mundo físico tais advertências oportunas.

— Que bom poder contar com sua colaboração! A senhora teria alguma ideia para conduzirmos uma proposta dessa natureza?

— Que tal se contarmos o que vem acontecendo no GEF? Da mesma forma como você fez em sua trilogia de livros, contando a história do Grupo X²?

— Excelente ideia, dona Modesta! E qual seria o enfoque?

— Seria sobre o fato de que os médiuns do século 21 experimentam um novo gênero de necessidades. Nos séculos 19 e 20, os fenômenos tinham propósitos de convencer, gerar pesquisa, incentivar a cultura do

---

2 A trilogia do autor espiritual José Mário é composta pelos livros *Quem sabe pode muito. Quem ama pode mais, Quem perdoa liberta* e *Servidores da luz na transição planetária* (N.E.).

sobrenatural com explicações racionais e lógicas e radiografar o mundo espiritual.

Agora que o período da regeneração começa a despontar, os médiuns percebem mais profundamente a si mesmos e não somente as entidades espirituais. Na regeneração, teremos mais médiuns da Luz do que do sombrio. Mais buscadores da verdade que liberta do que intérpretes das causas que se aprisionam na dor. Serão mais terapeutas que sensitivos. Mais educadores que adivinhos.

Na regeneração, a mediunidade será mais focada no entendimento da vida emocional e mental do médium do que no entendimento dos mecanismos do fenômeno em si. Quando procura entender detalhes do fenômeno, o homem sente necessidade de padrões. Quando procurar entender o médium e sua complexidade, o homem vai concluir que as expressões da mediunidade são tão diversas quantos são os seus canais mediúnicos de manifestação.

Essa compulsiva necessidade pelo saber na comunidade espírita traduz uma ânsia do ego de se sobressair. Enquanto a competência pelo sentir pode nos levar à realidade, essa soberba intelectual continua nutrindo a ilusão. Tenho, sim, algumas ideias para compartilhar, meu caro José Mário.

Os médiuns da regeneração guardam alguns traços em comum. São cultores de um idealismo superior com impacto na sociedade carnal. Pensam de forma sistêmica, coligam mundo espiritual e mundo físico.

Infelizmente ainda vemos hoje um resíduo cultural da história da comunidade espírita nessa separação cartesiana entre o que ocorre na reunião mediúnica e na realidade da vida como um todo.

São contrários a toda forma de autoritarismo, uniformização e dogmatismo. Louvam as comunidades e os grupos onde eles possam florescer como parte integrante e não como ícones. Não vivem sem a sensação de pertencimento. Possuem noções justas de trabalho e de qualidade de vida. Desaprovam o sacrifício incoerente diante de suas necessidades e nem por isso são menos comprometidos.

Elegem a afetividade como forma prioritária de comunicação humana por meio do diálogo interativo. Seu foco é o desenvolvimento humano. Algo extremamente valoroso, se considerarmos que nas comunidades espiritualistas o incentivo ao desenvolvimento mediúnico já causou muitos efeitos indesejáveis e produziu médiuns sem comprometimento, que apenas assumiram a tarefa para se livrar dos tormentos da dor pessoal, acreditando que desenvolver mediunidade resolveria suas lutas individuais.

Amam o renascimento de conceitos, a espiritualidade, e repudiam os formatos religiosos, a intolerância, a violência e o preconceito.

Os médiuns da regeneração, por fim, amam a originalidade, a autenticidade e não encontram motivação em seguir padrões perante os quais não possam examinar, mudar ou questionar.

A regeneração não vai surgir pela forma de pensar o mundo. Vai surgir quando os homens renovarem a forma de sentir o mundo.

O Espiritismo é uma luz para o pensamento, descerrando as clareiras da vida imperecível. Mas somente o amor sentido e aplicado vai trazer ao mundo os caminhos da paz e da sabedoria, com as quais a humanidade encontrará chances de avançar rumo a dias melhores.

Você acredita que esses são enfoques oportunos, José Mário?

— Mais do que oportunos, dona Modesta!

— Daremos, então, início a algumas anotações.

— E o senhor, doutor Inácio, teria alguma consideração sobre nossa conversa?

— E eu porventura sei ficar calado, José Mário?

— Então fale, doutor! Sua opinião sempre nos acrescenta.

— É um risco levar ao mundo físico considerações sobre os novos tempos da mediunidade sem falar da estrutura de direção dos trabalhos na comunidade. É necessário tocar nesse assunto com muita assertividade. A influência rígida dos dirigentes, embora em declínio, é algo ainda muito intenso.

Como nos médiuns, a inteligência emocional começa a se desenvolver agora nos dirigentes. A experiência de Maurício, do GEF, retrata isso em bom tamanho e sem exageros.

Eles possuem características maravilhosas, como dedicação, disciplina, renúncia, boa comunicação, capacidade de influência, cultura doutrinária, extrema habilidade de conduzir instituições e muitas outras. Essas características são muito úteis na condução das organizações. Porém, quando o assunto é relacionamento humano, essas características nem sempre são suficientes para promover uma convivência saudável e leve. Sem generalizações, os devotados dirigentes quase sempre são também muito cobradores e criam um clima de intolerância entre os disciplinados.

Quem domina a comunicação, costuma incitar o preconceito; quem guarda força de influência, em alguns casos estimula a separação; quem tem muita cultura, facilmente tropeça na soberba intelectual; e quem tem habilidade de administrar, com muita frequência se apresenta muito arrogante.

O que digo não é um julgamento, são fatos. Julgamento é quando você diz algo de alguém sem que aquilo corresponda à verdade do que aquela pessoa faz ou é. Fatos são acontecimentos que refletem aquilo que as pessoas fazem e são.

Conduzir trabalhos, subir na tribuna e colocar os outros para chorar, publicar livros e ser comprometido com a causa não é sinônimo de fraternidade na convivência.

Vou falar agora de nós, pois não quero me excluir dessa parte. Como líderes e dirigentes espíritas, quase sempre, somos ótimos perante o coletivo e péssimos na relação individual. Eu mesmo consigo gerar um bom impacto com meus apontamentos que levo ao mundo físico, mas só mesmo uma santa como Modesta para me aguentar e continuar ao meu lado! – e, para variar, Inácio nos fez rir a todos.

— Inácio tem razão, José Mário!

— Não disse que para me aguentar tem que ser santa?

— Não estou falando disso, Inácio! – e rimos novamente.

— É só para descontrair! – como sempre, Inácio acrescenta uma pitada de humor.

— Abordar algo sobre direção, mas com foco na regeneração, pode ser útil. A maturidade nas posturas dos dirigentes solicita alguns exames oportunos – disse Modesta.

— E que pontos o senhor julga serem úteis em um contexto que envolva a mediunidade e os dirigentes? – perguntou José Mário ao doutor Inácio.

— A pior consequência de supervalorizar lideranças e dirigentes na comunidade espírita é a implantação subliminar da ideia de que quem os segue não pode opinar, escolher ou contestar e, o que é pior, não poderá chegar aonde eles chegaram.

Líderes afinados com Jesus deveriam fazer como Ele fez, quando disse: "Na verdade, na verdade vos digo que aquele que crê em mim também fará as obras que eu faço e as fará maiores do que estas, [...]."[3]. Líderes e dirigentes antenados e desapegados de seus egos são canais de motivação e estimuladores da luz alheia, não estão em busca de louros e aplausos.

Será oportuno promover e incentivar o exame individual da conduta na coordenação, analisando se estamos incentivando ao invés de recriminar, se valorizamos ao invés de discriminar, se estamos edificando bom ânimo ou se estamos implantando o constrangimento e a culpa com nossas palavras e atitudes.

Todas as expressões do pensamento humano se alteram de tempos em tempos, atendendo às necessidades das sociedades. Posturas e ideias que eram muito úteis e apropriadas aos costumes do século 20 já não são tão oportunas, sendo até mesmo rejeitadas pelas gerações mais jovens.

Nesse contexto de mudanças rápidas, o papel da liderança cede lugar, cada dia mais, a uma nova forma de conduta na esfera da hierarquia e coordenação de grupos. Foi-se o tempo em que idade, tempo de experiência e cargos eram sinônimos de capacidade de liderar. Novos critérios nas relações humanas gestaram um novo perfil de liderança, definido pelo

---

3 João 14:12.

líder que conquista a adesão espontânea do seu grupo em função de uma postura marcadamente digna da construção de novos hábitos e formas de pensar. Chamamos isso de relações de parceria.

Os líderes parceiros, atentos aos comportamentos da era de regeneração, são qualificados por alguns traços morais que se afinam com as propostas de Jesus na edificação de ambientes mais saudáveis e educativos. Vou enumerar alguns desses traços de conduta que considero fundamentais para compor os textos de Modesta:

- Sabem destacar os aspectos luminosos de todos.

- Incentivam sempre os esforços alheios, por menores que sejam.

- Empenham-se em desenvolver a capacidade de perdão.

- Assumem seus erros ou equívocos sem melindres.

- Falam de ideias e não de pessoas.

- Adoram compartilhar informações.

- Cultivam a conduta da alegria.

- Amam aprender.

- Acolhem com naturalidade as mudanças.

- São apaixonados pela atitude de servir.

- Sentem-se como colaboradores em seus grupos e não a pessoa mais importante.

Muitos líderes julgam-se atualizados por usarem a tecnologia moderna. Tecnologia não supre a força da relação entre pessoas. Tecnologia é um ingrediente muito útil a quem sabe se relacionar; do contrário, poderá ser mais uma ferramenta de controle.

A sociedade está precisando de despertamento espiritual, lucidez emocional e uma visão de imortalidade contextualizada, que auxilie o ser humano a se renovar nos ambientes de suas vivências diárias. Líderes que não desenvolvam essas qualidades poderão ter um enorme poder de influência, mas certamente deixaram de cumprir seu papel de educadores de comunidades.

O líder atento às propostas do século 21 está focado em legitimar seus sentimentos e não em manter uma imagem de alguém repleto de autoridade e grandes virtudes. Ele sabe como se apequenar sem perder suas reais qualidades. É mais humano, mais afetivo, mais participativo e mais espontâneo. Tais traços lhe permitem expressar-se com o magnetismo da autenticidade e essa energia convence e arrasta multidões.

Essa autenticidade forma um campo energético poderoso e influenciador. É uma energia que tem tudo a ver com os espíritos que estão renascendo no planeta e atende com mais propriedade a natureza das aspirações humanas nos dias atuais.

O que acha destes pontos, José Mário?

— Doutor Inácio, como dizem os nossos irmãos no mundo físico: o senhor brilhou! Já que a senhora, dona Modesta, aceitou nossas propostas, agora quero atualizar as notícias. Aliás, a notícia, uma só.

— Só uma? Que milagre é esse?

— Tivemos aprovação em nossa equipe de coordenação do hospital para que o GEF possa iniciar as atividades com o submundo astral. Eis aqui o pergaminho endossado pelo doutor Bezerra de Menezes.

— Que alegria imensa! Mais uma vitória da luz!

— A senhora foi nossa escolhida, pelos vínculos de afinidade com os irmãos do GEF, para entregar-lhes a outorga e convidá-los a começar a tarefa.

— Que honra! É mais uma semente plantada! E guardo comigo a certeza de que essa semente caiu em boa terra, na terra dos corações honestos e bons que frutificarão com perseverança e dedicação!

9.

Irmão Ferreira e a semicivilização

"Há, porém, ainda muitas outras coisas que Jesus fez; e, se cada uma das quais fosse escrita, cuido que nem ainda o mundo todo poderia conter os livros que se escrevessem. Amém!"

João 21:25.

Passaram-se dois meses dos episódios que amadurece-
ram os componentes do GEF com novos aprendizados
e testemunhos.

Maurício começou com seriedade e coragem seu tratamento terapêutico, abrindo-se para a vida, enfrentando-
-se com intenso desejo de equilíbrio. Tomar contato com
o seu sombrio trouxe-lhe tanto alívio que sentiu imediata necessidade de seguir a orientação que lhe passei: cuidar de si mesmo e investir mais em sua pessoa, além de
zelar pelos outros e pelas tarefas da doutrina.

Trinta dias após nossa conversa fora do corpo, naquela
noite após os incidentes no GEF, ele deliberou entregar o
cargo de diretor a Paolo. Sua honestidade, sua compreensão e sua visão ampliaram-se sobremaneira, e sua primeira descoberta foi se desonerar dos excessos de obrigações
para olhar com mais dedicação para si mesmo.

Sua orientação sexual, como era previsto, não se tornou a prioridade, ao cessar a briga mental com o que
não podia esconder e evitar. Por trás do que tanto o

atormentava, havia muito mais. A homoafetividade reprimida, no caso de Maurício, era muito mais uma expressão de seu psiquismo feminino sufocado e mal orientado, embora com o tempo, inevitavelmente, ele teria que olhar de perto para suas necessidades nesse setor. Sua avó Mariana continuou trazendo mensagens claras, de rara sensibilidade, não deixando qualquer dúvida sobre o caminho a seguir. João Cristóvão telefonou várias vezes procurando por ele, mas Maurício simplesmente o ignorou.

Paolo, surpreso, mas sempre muito centrado, entendeu claramente a postura de Maurício ao lhe passar o cargo. Sentiu que responsabilidades maiores aguardavam sua colaboração. Os dois se tornaram bons amigos e a direção sob os cuidados do médium fortaleceu muito os laços dos integrantes do GEF, que, pouco a pouco, começaram a construir relações mais legítimas e afetuosas.

Elvira levou seu filho para uma conversa com Paolo, que tocou profundamente o jovem contando suas experiências. Depois, passou a orientar Elvira no relacionamento com o filho. Tornou-se tão bonita a amizade entre os três, que outros homoafetivos da casa encontraram motivos fortes para passeios e atividades sociais com Paolo e Carlos, seu esposo. Estudos sobre o assunto foram implantados dentro do centro pelo doutor Júlio, a convite de Maurício e Paolo.

Silvério, homem ponderado e vivido, assumiu a direção da reunião mediúnica no lugar de Maurício, com Silvana como seu braço direito.

Os resultados do conflito, nesse caso do GEF, serviram de adubo para fortalecer a semeadura. Todos saíram mais fortes, mais lúcidos e mais maduros. Os desdobramentos daqueles episódios foram os mais esperançosos. Se todas as casas espíritas que recebem o aval da espiritualidade para os trabalhos com o submundo adotassem o clima e a postura espiritual do GEF, seria uma bênção!

O momento não podia ser melhor. Chegava o dia de brindar nossos irmãos com mais responsabilidades. Durante a sessão rotineira das quartas-feiras, através de Elvira, busquei o grupo para algumas palavras:

— Que haja paz e esperança no coração de todos! Eu, Maria Modesto Cravo, nesta noite, quero abençoar vocês, em nome do Cristo!

Com alegria no coração, trago-lhes o endosso de nossa equipe espiritual para os serviços regeneradores com o submundo astral. Deposito aqui, na mesa espiritual do GEF, o pergaminho endossado por Bezerra de Menezes para que os trabalhos se iniciem em nome de Jesus Cristo.

— Que bênção, dona Modesta! Estamos comovidos! Foi doutor Bezerra que endossou? Que maravilha para nossa casa! – manifestou-se Paolo.

— Uma oportunidade, meu filho!

— E a senhora pode nos orientar sobre quando começar e de que forma?

— Que tal agora?

— Agora? Como?

— Temos aqui, hoje, a presença do irmão Ferreira, nosso guardião e coordenador dos serviços de defesa do Hospital Esperança. Você se lembram de que ficamos de fazer uma entrevista com ele sobre o assunto da proteção do grupo?

— Eu me lembro, sim. Fui eu, aliás, que solicitei o esclarecimento – disse Maurício, com ternura.

— Ele está à disposição de vocês e vai responder o que quiserem saber. Com isso, damos nosso primeiro passo na direção de uma nova experiência de parceria intermundos.

O grupo manteve silêncio por alguns instantes após minha fala e, através de Paolo, completamente incorporado, irmão Ferreira disse em tom nordestino:

— E que as *bênçãos* de nosso Pai recaiam sobre todos! – E cantou em voz alta:

Tem macaco e *coronér*
muita luta por aí.
Então chama o cangaceiro
Lampião vai te *acudi.*

Na caatinga eu me criei,
nas grotas eu cresci.
Hoje estou aqui,
meu Jesus, vim te *servi.*

Um repente ia bem
nessa noite de bênção.
O médium trava a língua
e não escuta Lampião.

Todos sorriram e irmão Ferreira ainda fez alguns gracejos com seu humor sem fim.

— Podem me *fazê* perguntas. Estão com medo das trevas? Pois tenham mesmo! Melhor com medo do que com a doideira do *orguio* (orgulho)! Sou cangaceiro e adoro xaxado, mas nas trevas a dança é outra.

Desceu o primeiro degrau do inferno se acolha no paletó de couro, na capanga e no mosquetão. No inferno bancar o anjo é perder o rumo. Por lá só entra bem quem entra como jagunço.

Vamos falar das coisas que *ocês* quiserem. E se precisar eu sei *falá* bonito também.

— Sinta-se à vontade, irmão Ferreira — acolheu Maurício, por pura intuição do momento, já que a tarefa de direção não estava mais a seu cargo.

— Pode me *chamá* de Ferreira, já *tá bão*. O que vocês querem saber sobre proteção?

— Queríamos saber mais sobre tudo. Sobre o hospital, o seu trabalho e como nos proteger para essa nova fase.

— Podem perguntar, sou todo ouvidos!

E, a partir da primeira pergunta, irmão Ferreira adotou outro palavreado e outra entonação de voz, assumindo sua personalidade mais aprimorada depois de tantas décadas servindo ao bem e às frentes de luz e paz na Terra.

— Há quanto tempo o senhor trabalha no Hospital Esperança? – começou o próprio Maurício com as perguntas.

— Desde 1958, quando fui resgatado por Eurípedes Barsanulfo e dona Modesta[1].

— Qual a atividade que desenvolve por lá?

— Trabalho no subsolo, nas linhas de defesa. Tenho também atividades diárias no submundo.

— Por que é tão importante esse trabalho com o submundo?

— Porque o bem não será implantado na Terra sem limpar as raízes da maldade que se alongam para os infernos profundos no seu interior.

O semeador do Cristo deve saber quais são os inimigos de sua semeadura, para garantir êxito na tarefa. Se adotar prevenção e defesa, o bem não sofre atrasos.

---

1 Resgate narrado no livro *Os dragões*, obra mediúnica de autoria espiritual de Maria Modesto Cravo e psicografia de Wanderley Oliveira, Editora Dufaux.

O objetivo fundamental é revelar informações que auxiliem a dimensionar a ação do mal no mundo e quais as medidas mais adequadas para erradicá-lo.

A diluição do mal requer ação correta, mas também vigilância ativa. "[...] portanto, sede prudentes como as serpentes e inofensivos como as pombas."[2].

— Qual a sua experiência com as regiões inferiores?

— Servi nas fileiras dos dragões e fui um dirigente das trevas. E bem graduado, se querem saber! O cangaço no qual militei, na última existência no corpo físico, foi apenas um pálido reflexo do que fiz e aprendi nos Vales do Poder.[3].

— Há quanto tempo tem laços com essa falange?

— Há muito tempo... séculos!

— O senhor começou a trabalhar logo depois que foi resgatado?

— Não. Tive muitos tratamentos demorados no Hospital Esperança.

---

2 Mateus 10:16.

3 "O lugar mais conhecido e onde se praticam as mais infelizes formas de maldade chama-se Vale do Poder, um cinturão psíquico que circula a subcrosta da Terra, onde vegeta uma semicivilização que onera a economia vibratória do orbe. Principal e mais organizada cidade no submundo astral comandada pelos dragões." (Trecho do livro *Os dragões*, obra mediúnica de autoria espiritual de Maria Modesto Cravo e psicografia de Wanderley Oliveira, Editora Dufaux.

— Como foi essa mudança de ex-dirigente das trevas para trabalhador do hospital?

— Eu mesmo custei a aceitar essa mudança. A intenção determina tudo e o senhor Eurípedes Barsanulfo foi meu tutor, minha luz e minha salvação.

— Por que esse enfoque do mundo espiritual com o submundo foi tomando um vulto maior nos ambientes da Doutrina Espírita?

— Na vitrine do planeta Terra não pode ser exposta somente as belas gemas dos países desenvolvidos. A miséria e a dor necessitam de divulgação, de vir à tona, para que as soluções sejam pensadas. Não haverá mundo regenerado sem socorro e orientação aos países pobres. O universo é um sistema e jamais seremos felizes sem solidariedade e consciência social.

Dizem os guias da Verdade: "Numa sociedade organizada segundo a lei do Cristo, ninguém deve morrer de fome."[4]. Essa mesma linha de pensamento deve ser aplicada para o astral.

Como há livros mediúnicos tratando de colônias santificadas, torna-se inadiável revelar que os orientadores de tais colônias têm seus olhos e corações voltados ao submundo astral. Quanto mais elevação espiritual, mais a alma compreende seus laços com a escória humana.

---

4 *O livro dos espíritos*, questão 930, Allan Kardec, Editora FEB.

Nos porões da erraticidade habitam expressiva parcela de nossa família terrena, mendigando afeto e orientação. Todos temos mais ligação com eles do que supomos.

— Para nós, espíritas, há algum motivo especial em nos conscientizarmos dessa realidade do submundo?

— O contato com o mundo espiritual, em todos os tempos, sofreu açoites e pedradas com os objetivos escusos de encobrir a verdade e esconder a luz da imortalidade. De algumas décadas para cá, a luz da mediunidade livre e responsável vem sendo apagada paulatinamente, o que tem impedido o homem de descobrir as origens da escuridão e do mal. Essa dinâmica inclui os ambientes do Espiritismo, nos quais os cadeados da censura e da descrença têm escravizado muitos médiuns e trabalhadores de boa intenção.

A espinha dorsal do mal na humanidade tem raízes históricas com o Cristo. Portanto, os discípulos do Evangelho devem estar conscientes de quando e como os adversários do Senhor procuram exterminar suas iniciativas no bem.

— Pode nos falar um pouco sobre seu trabalho na defesa do Hospital Esperança?

— Trabalho mais no subsolo do hospital. Os corredores de acesso e saída no subsolo assemelham-se aos serviços públicos de saúde das organizações de socorro do plano físico, só que muito mais agravados pela violência, pelo desrespeito e pela loucura, que acentuam a necessidade de cuidados especiais de defesa e amparo na nossa esfera.

Evidentemente, nosso modelo de atendimento é mais organizado e fraterno, comparado ao de vocês, no qual pessoas morrem nas filas por desamparo.

Trabalho em meio a muita agitação e pedidos de socorro. É uma correria sem fim. Da mesma forma que na Terra, as notícias de amparo correm rápidas por aqui, e temos sempre uma fila interminável de pedintes e esfomeados. É serviço dia e noite sem parar. É também por lá que chegam as equipes socorristas vindas da Terra.

— Que tipos de situações são atendidas nesse local?

— Esfaqueamentos, acidentes, tiros, pedido de informação sobre parentes, solicitação de ajuda para moribundos, procura por amigos e familiares que já desencarnaram há mais tempo, gente com fome querendo comer, almas pedindo asilo para não serem perseguidas por tiranos do além, pedidos de amparo para familiares e amigos que ainda estão reencarnados, criaturas que aparecem querendo saber se morreram, pessoas querendo falar com Eurípedes, outras procurando Kardec, ou querendo saber se têm familiares seus internados no hospital, brutamontes criando tumulto, ameaça e balbúrdia.

Enfim, ocorre de tudo um pouco. E agora, desde que o hospital começou a ser noticiado nos livros mediúnicos, especialmente depois de *Lírios de*

Esperança[5], da menina Ermance, é comum durante a noite aparecerem muitos espíritas desdobrados pelo sono, interessados em saber se virão para cá depois da morte.

— E todos são atendidos?

— Sem exceção. Não importa o motivo, mais de noventa por cento desses casos não chega nem mesmo a ser acolhido para observação nas enfermarias do subsolo, e segue seu caminho.

— O senhor fica muitas horas nesse local?

— Praticamente dia e noite, pois ainda durmo um pouco, arrumo tempo para uma boa prosa e também para diversão. Ou acha que não fazemos isso por aqui?

— E qual a sua tarefa fora do ambiente do hospital?

— Visito diariamente a subcrosta em locais predefinidos e nos quais não somos atacados, para fazermos asseio, levar conforto, carinho e ternura. São locais já colonizados espiritualmente.

Nem sempre as visitas constituem resgate de almas, mas alívio e medicação. Não estranhe de eu usar o termo, mas há gente apodrecendo na erraticidade. Precisam de higiene, e só. Por ora não conseguem se livrar do charco que criaram para si mesmas.

---

5   Obra mediúnica de autoria espiritual de Ermance Dufaux e psicografia de Wanderley Oliveira, Editora Dufaux.

— Onde fica localizado o que vocês chamam de submundo e subcrosta?

— Abaixo do umbral, na psicosfera do interior da Terra.

— São os abismos?

— Os abismos estão também nessa região e são um relevo típico de alguns lugares da subcrosta. São locais profundos, escarpados, escorregadios e sem luz, de difícil acesso e com reduzidíssima chance de volitação.

— Quer dizer que ainda se pode volitar em regiões inferiores?

— Em situações muito especiais, sim. Na maioria das vezes vamos andando e, em algumas regiões, literalmente nos arrastando, escalando e nadando.

— Em suas tarefas, o senhor costuma vir ao plano físico?

— Diariamente. O submundo e a vida social da Terra estão intimamente interligados, são como um novelo de lã, extremamente embaraçados.

— Que tipo de trabalho o senhor executa em nosso plano?

— Vamos às favelas na tentativa de educar os traficantes, oferecendo-lhes novas opções de vida; entramos nos tribunais, congressos e órgãos públicos para desarmar as corruptelas em andamento e tentar retirar os usurpadores do caminho da desonestidade; adentramos os pátios infernais das penitenciárias para serviços complexos de interferência do bem; avançamos nas visitações a hospitais psiquiátricos para reerguermos mentes tombadas no desequilíbrio; visitamos as zonas de meretrício para amparo às vítimas da miséria moral; entramos em motéis para diluir encontros de luxúria que terminariam em morte; passamos pelos salões de jogatina para sossegar almas atormentadas pela fantasia; penetramos em lares à beira do colapso interpessoal para acalmar os ânimos; socorremos as pessoas na solidão; amparamos os perturbados com a ideia do autoextermínio; atenuamos as dores de quem está prestes a enlouquecer; esforçamo--nos para livrar os corações atolados no fanatismo e na vida ambiciosa; acampamos em locais onde existem guerras e ainda socorremos vocês na hora em que também precisam.

Servimos indistintamente a todas as nações e credos. Convivemos com espíritas, católicos, muçulmanos, fundamentalistas, judeus, protestantes e tantas outras seitas religiosas. O intercâmbio de almas nesse sentido, entre o Brasil e os demais países do mundo, é muito mais intenso, tanto no aspecto cultural como espiritual.

O mundo do lado de cá já acordou para o tesouro de fé do povo brasileiro e para o valor dos conceitos do Espiritismo aplicado. Os espíritos não encontram em nenhum outro lugar do planeta tanto acesso ao mundo físico quanto aqui. Seja por médiuns conscientes ou pelas expressões da fé natural do povo, com a qual ampliam seus recursos de amparo para os seus entes queridos, reencarnados nas diversas plagas da humanidade ou ainda estacionados nos despenhadeiros da erraticidade.

— Então esses povos têm procurado o hospital?

— Assiduamente. Hoje mesmo temos internados inúmeros espíritos que perderam a vida física em confronto no Oriente Médio.[6].

Maurício não se cansava de perguntar, até que Suzana, em tom de brincadeira, disse que também queria ter a chance de fazer perguntas.

— Diante dessas suas colocações, nosso GEF poderia ajudar de que forma? – perguntou Suzana.

— De muitas formas. Citarei algumas tarefas que tenho aqui anotadas pela nossa equipe responsável pelos assuntos da mediunidade. São temas desenvolvidos pelo nosso orientador José Mário. Vamos lá! – e começou a ler alguns tópicos que já haviam sido passados por mim algum tempo atrás:

---

6 Em junho de 2014 iniciou-se uma nova onda de violência no Oriente Médio, após três jovens israelenses, sequestrados na Cisjordânia, terem sido encontrados mortos. Israel culpou o Hamas pelo ocorrido e lançou uma ofensiva contra Gaza. Os recentes conflitos são caracterizados por bombardeios aéreos maciços por parte de Israel, vitimando inocentes, e pelo lançamento indiscriminado de foguetes pelos militantes palestinos, que atingem primordialmente a população civil israelense.

- Remoção de tecnologia parasitária, como implantes, *chips* e aparelhos de dominação mental alojados nos corpos sutis.

- Alinhamento de chacras e exame de quando estão invertidos, paralisados ou acelerados.

- Limpeza da aura por meio de retirada de ideoplastias, clichês mentais e morbos psíquicos.

- Desobstrução de chacras com eliminação de inflamações ou infecção larvária.

- Reconhecimento de ovoides naturais e artificiais.[7].

- Intervenções em diversos formatos de goécia.

- Reconhecimento e eliminação de energias do mau-olhado.

- Asseio de cordões energéticos.

- Trabalhos de limpeza com intervenção dos elementais.

- Desobstrução dos pontos de angústia no chacra cardíaco.

- Choque anímico com entidades inconscientes e hipnotizadas por licantropia e zoantropia.

---

7 Os espíritos das organizações da maldade já desenvolveram uma tecnologia com funções de vampirização energética, muito similar às executadas pelos ovoides naturais (N.E.).

- Puxada de aura coletiva do inconsciente do grupo para limpeza de resíduos das tarefas.

- Técnicas para fechamento do corpo e proteção energética.

- Limpeza astral de lares, ambientes e objetos que servem de endereço vibratório.

- Orientação sobre como eliminar os efeitos perispirituais da mediunidade estagnada em médiuns afastados e sob regime de controle de falanges.

- Cirurgias no perispírito e no duplo etérico.

- Escoamento da matéria mental da culpa.

— E nós vamos aprender tudo isso com as nossas atividades? Ou vocês nos ministrarão um curso previamente?

— Não temos tempo para cursos. Aprenderemos trabalhando.

— Mas é tudo muito novo para nós! – interveio Suzana.

— Mas para nós, desencarnados, não é. Fiquem confiantes no potencial de vocês.

— Posso fazer uma pergunta de curiosa?

— Adoro pessoas curiosas!

— O senhor se encontra com Eurípedes Barsanulfo? – continuou Suzana.

— Não passo um dia sem contato com o benfeitor. Não porque eu mereça ou tenha algo de especial em meu trabalho. Ele é que não arreda o pé do subsolo, seu local preferido, como é próprio das almas que aprenderam a amar – algo que difere muito da minha condição de quem serve aqui para se ajustar com a própria consciência.

Enquanto muitos supõem que os mentores coordenam suas colônias superiores, eles trabalham pelo bem seguindo incansavelmente o exemplo daquele que elegemos como nosso mestre: Jesus.

— Mas o senhor ama também! Não acredito que alguém possa fazer um trabalho tão duro sem amor.

— Tenho carinho pelo que faço e meu coração está nesse trabalho com o submundo. Guardada as proporções de conquistas, sinto-me como Eurípedes, levando em conta que só teremos sossego íntimo quando o submundo estiver limpo e curado.

Sou feliz por Jesus ter me aceitado em Sua seara, mesmo com a minha condição.

— O senhor, a meu ver, é um lírio de esperança, como o denomina Ermance Dufaux! – disse Suzana, carinhosamente.

— Obrigado, minha *senhora*. Sua bondade me cativa!

— E doutor Bezerra aparece engajado nesse trabalho também?

— Todos os dias.

— Perdoe-me o pensamento; entretanto, quero ser honesta e fico a pensar o que muitos de nossos companheiros de ideal diriam ao saber que o senhor, um ex-dirigente das trevas, está todos os dias com essas almas nobres. Essa não tem sido uma história habitual em nossa comunidade.

— Em verdade, do lado de cá, isso é muito mais comum do que você possa imaginar!

A lógica da imortalidade para nós difere bastante daquilo que muitos irmãos espíritas pensam sobre o mundo espiritual. O Hospital Esperança tem sido uma lição nesse sentido.

— Bem, deixe-me voltar ao nosso tema, senão não vou parar de perguntar sobre o que não devo. O senhor pode continuar a nos falar um pouco mais sobre seu trabalho nas regiões do submundo?

— Se você pudesse fazer uma ideia mais exata da natureza de tais lugares, sua mente não suportaria. Quando não se tem preparo para conviver com a realidade de tais locais, mesmo fora do corpo, são catastróficos os efeitos íntimos e perispirituais. Mesmo assim, vou falar de um lugar no qual acredito que vocês serão muito úteis.

O submundo é um ambiente cujas mutações psíquicas e emocionais dos homens adeptos à perversidade criaram processos de adaptações em seus corpos espirituais que os transformaram em seres à parte na escala natural dos espécimes.

Já pensou em um homem-árvore? Pois existem coisas assim por aqui. Falarei, portanto, por figuras, para que possam entender. No que pese à clareza de tais metáforas, elas ainda estarão muito distantes da realidade das regiões astrais do centro da Terra.

Nas visitas diárias, procuramos os locais aos quais já tivemos acesso sem maiores problemas com a resistência armada. Locais onde jazem espíritos em situações penosas e que constituem a escória das sociedades da maldade.

Esses lugares são chamados por aqui, figurativamente, de lixões. O conjunto desses lixões forma os bolsões astrais ou cinturões da maldade.

Nossa tarefa consiste em fazer o asseio, levar palavras de conforto, operações magnéticas de remoção de camadas de energias deletérias de seus corpos. É um serviço de semear o bem sem esperar nenhuma colheita imediata que pertence ao Pai. É a escória social do submundo, constituído por criaturas que desistiram de si mesmas.

— Por que não existe resistência armada nesses locais? – indagou Suzana.

— Em verdade, lá existem vigias do submundo, mas, como é próprio dessas localidades, fazemos acordos com eles e conseguimos acesso sem maiores rixas.

Implantamos com eles também algumas relações de benefícios mútuos que acabam em situações, às vezes, inesperadas e divertidas.

Os lixões têm suas dependências, como se fossem prisões abertas para almas inúteis, ou seja, para lá são levados os espíritos que já serviram às comunidades da maldade e se encontram em retrocesso mental. Não suportaram mais o volume de culpas e estados íntimos, que haviam aprendido a controlar com técnicas próprias dessas sociedades, e começaram a se submeter aos processos naturais de loucura e degradação perispiritual.

Muitos deles tiveram postos hierárquicos e foram exímios soldados das trevas. Todavia, mesmo com o uso de técnicas e se recusando a entrar em contato com suas consciências, as Leis Naturais se cumprem a contragosto de todos eles.

São enviados para esses lugares porque seus chefes esperam que um dia eles recobrem a "lucidez". Criaram-se, então, vários ambientes para alojá-los, tais como o cemitério de gavetas, onde são alojados os vibriões em baixíssimas temperaturas, e os lagos de enxofre, onde mentes culpadas se adaptam a águas gélidas e fétidas. Tais ambientes nos remetem ao inferno que Dante Alighieri teve o ensejo de narrar:

> "Chegamos ao fundo do Universo depois de descer um pouco mais, abaixo do ponto onde o gigante havia nos deixado. Eu ainda olhava admirado

para o altíssimo muro, quando ouvi meu mestre falar:

— Olha para baixo e toma cuidado para não pisar nas cabeças dos pobres sofredores.

E então eu olhei em volta e vi sob os meus pés um lago gelado. O chão era tão duro e liso que parecia vidro. As almas estavam submersas no gelo com apenas o tronco e a cabeça de fora. Todos mantinham seus rostos voltados para baixo e batiam os queixos de frio."[8]

Criaturas como essas são trazidas às reuniões como as que vamos começar a atender aqui. E podemos fazer muito por elas, somente com a aproximação ou o contato com o corpo físico dos médiuns.

— O senhor falou em vibriões? O que são? – perguntou Suzana.

— São chamados assim, na erraticidade inferior, os espíritos acentuadamente culpados, que perderam sua forma perispiritual humana.

Suas mutações de aparência obedecem a complexos fenômenos de zoantropia, que são ativadas quando se abrem os porões do inconsciente e surgem os impulsos capazes de animalizar a forma.

---

8   Canto XXXII da obra *A Divina Comédia* de Dante Alighieri.

Alguns vibriões apresentam-se na coloração que se aproxima muito de um fígado bovino. São arroxeados, muito magros e com a órbita dos olhos totalmente avermelhadas, como se estivessem preenchidas por sangue.

São escorregadios e gelatinosos. Quando conseguimos resgatar alguns, temos que transportá-los agarrados ao peito com larga dificuldade, porque, se os apertamos muito, eles sentem dores terríveis! São muito gelados, com temperaturas que chegam a menos cinco graus Celsius, em seu estado mais habitual. Por incrível que pareça, com essa temperatura, ostentam pressões sanguíneas altíssimas, entre 22x8 e 23x9.

Não conseguem andar e sofrem muito com a luz. Excretam secreções por todos os orifícios, alimentam-se de substâncias salinas e água comum. Nada mais!

Outros vibriões são esbranquiçados e também escorregadios. Lembram um carnegão de um furúnculo da pele humana, só que bem maiores. São gordurentos e malcheirosos. A única parte deles que lembra o ser humano são os olhos envoltos numa protuberância branca que se abrem por algumas vezes.

Estão ambos a caminho da ovoidização. Quando dissemos que almas apodrecem do lado de cá, não foi uma metáfora. Os vibriões, em sua estrutura energética, são uma colônia virótica que desorganiza, pouco a pouco, os tecidos da sua roupagem periespiritual.

Todos eles gemem muito e, alguns, em estados de dor mais acentuada, emitem um silvo longo, fino e arrepiante, transformando os ambientes onde vivem em locais tétricos e de arrepiar até quem se encontra nas tarefas da luz.

Eles ficam acomodados dentro dessas gavetas refrigeradas, ao serem selecionados pelos vigias, para que se recuperem. Na maioria dos casos, os vigias não têm escrúpulos e eles ficam lá sem nenhum cuidado.

O nosso papel é, com carinho e amor, reduzir o ritmo do "retrocesso". Retardar a ovoidização, na esperança de que a Misericórdia permita algum desdobramento inesperado em cada caso. Não desistimos de amá-los. Se não o fizermos, quem fará?

Quando nada acontece, pelo menos eles recebem asseio e amor, para despertar algo adormecido em seu inconsciente.

No Hospital Esperança, temos incubadoras com mais de quatrocentos espíritos que estão em estado de vibriões, ovoides e em estado de zoantropia.

Os vibriões são almas culpadas que irradiam indiferença, apatia, indolência, preconceito e desprezo. Vivem nas regiões que circundam o Vale do Poder, nos arredores da Cidade da Luxúria.

Não há virtude alguma na postura dos que comandam tais pátios de dor como vigias, pois eles fazem negócios com os vibriões. No submundo reina a impiedade, o interesse pessoal e a inteligência do mal.

Nos lixões, os capitães da maldade encontram farto arsenal para consumar seus tresloucados ímpetos de domínio. Eles alugam essas almas que perderam a forma para atormentar encarnados. A simples aproximação dessas criaturas à aura de um encarnado pode perturbá-lo das mais variadas formas.

Diariamente são retirados vários vibriões das gavetas e colocados em gaiolas que reproduzem as condições daquele local, para serem levados à superfície da crosta, onde estão os encarnados, com o objetivo de infestar os ambientes terrenos. Cada vibrião é capaz de contaminar ambientes em um raio de pelo menos trezentos metros.

Por aí você pode deduzir que os lixões fazem parte da "economia social" das organizações da maldade. Os vibriões são escravos em todos os sentidos da palavra. São vendidos ou alugados a troco de serviços ou medidas que atendam aos interesses dessas legiões. Vibriões são moedas, mercadoria de troca. Não se assuste! É como são considerados nessas hordas.

Os vibriões e seu hábitat são alvo de negociatas, assaltos e sequestros, no intuito de obter ganho pessoal ou de grupos. Os cemitérios de gaveta são palco de muitas atrocidades e constitui um mercado de loucuras a preço de objetivos escusos.

— Estou surpresa e engasgada! Fico pensando, irmão Ferreira... Vamos mesmo dar conta de receber uma criatura dessas aqui? Podemos ser atacados pelos grupos que atuam nessas esferas?

— Já estão sendo todos os dias e não sabem.

— Nem brinque!

— O que os faz pensar que começar uma tarefa nova com o submundo vai lhes permitir vivências novas ou novos ataques?

Saiba que achamos vibriões em porta-malas de carros, em casinha de cachorro, no terreno de alguns lares, no jardim de centros espíritas, em empresas e até dentro de lares.

Sabe aquela referência que vocês usam muito por aí: "macumba"? Pois é! Muitas delas, dependendo da gravidade do quadro e de quem manipula o feitiço, usam os vibriões, os ovoides e as entidades em processo de zoantropia e licantropia.

Para começar uma tarefa com o submundo, não precisa necessariamente ir até lá. É preciso aprender o quanto essa realidade já está no seu ambiente terreno, o quanto o submundo está cada vez mais perto da realidade terrena. *Shoppings*, restaurantes, bares e praças estão sendo frequentados por espécimes estranhos à sociedade, como peregrinos tresloucados desses vales astrais sombrios.

As coisas não pioram para quem começa uma tarefa desse porte. O simples fato de começarem um trabalho com essas esferas já é uma defesa.

— Estou mais uma vez chocada com tudo! – expressou-se Suzana.

— Achava que seria diferente esse trabalho com o submundo?

— Sim. Achei que faríamos tarefas com os chefes dos dragões, com os comandantes de falanges e coisas do gênero. É isso que ouvimos sobre os trabalhos com essas esferas.

— Em alguns grupos isso pode ser uma ilusão, principalmente naqueles que se encontram nas ciladas da prepotência, que realizam atividades que não têm outro nome senão "processo dissociativo da mente" ou, se melhor quiser definir, um quadro a caminho da esquizofrenia de médiuns e dirigentes, completamente dominados por um pensamento místico e desorientado.

— Que medo de acontecer isso com o nosso grupo, irmão Ferreira!

— Esse medo é um ótimo sintoma de que podem se preservar dessa loucura que tem acometido muitos grupamentos espíritas, umbandistas, espiritualistas e até grupos religiosos formados por castas de pessoas muito informadas fora do ambiente religioso. Muitos deles se afastaram do bom-senso, do diálogo honesto e da troca de experiência com o mundo espiritual, para se apoiarem em líderes corajosos, porém, fascinados com suas próprias teorias e com suas próprias ideias.

— Quer dizer que esse trabalho com o submundo não atinge os chefes de falanges?

— Atinge, mas não como muitos imaginam. Há muito engano com relação a esse assunto. Querem que eu explique isso com detalhes?

10.

Defesas nos serviços com o submundo astral

"Eis que vos dou poder para pisar serpentes e escorpiões, e toda a força do inimigo, e nada vos fará dano algum. Mas, não vos alegreis porque se vos sujeitem os espíritos; alegrai-vos, antes, por estar o vosso nome escrito nos céus."

Lucas 10:19 e 20

— Pelo amor de Deus, Ferreira, faça isso! Sinto mesmo muito medo dessas ilusões em que vários grupos mediúnicos andam mergulhados por causa da arrogância – falou Suzana, com a sua típica sinceridade, enquanto todos no grupo ouviam atentos à fala de irmão Ferreira.

— Vou fazer uma análise, especialmente para vocês, espíritas, pois o assunto varia de características, dependendo da filosofia que orienta os contatos mediúnicos.

Atravessamos um momento de resgate na comunidade espírita. Amigos espirituais que viveram em outro tempo do Espiritismo, na primeira metade do século 20, regressam pela parceria mediúnica com os encarnados, conclamando os tarefeiros ao resgate de alguns valores na prática da mediunidade. Esses valores se perderam ao longo das décadas, na segunda metade desse século.

Os amigos espirituais são corações queridos do ideal espírita, que retornam solicitando apoio nos serviços de limpeza astral da semicivilização, nos quais poucos querem participar.

No tempo desses missionários do bem, a mediunidade era regida por espontaneidade, fé, dilatada disposição em ser útil ao semelhante, hábito de orar, simplicidade no uso das faculdades mediúnicas e outros importantes valores no exercício da relação com o mundo espiritual, que permitiam uma exuberante parceria entre o Espiritismo e os espíritos.

O tempo, porém, trouxe a cultura doutrinária, especialmente por meio da valorosa literatura de André Luiz, conclamando os médiuns e cooperadores da tarefa a certos cuidados, no intuito de um maior discernimento nos assuntos da mediunidade. A partir dessa cultura, a ordem das coisas começou a ser invertida, devido aos velhos traços morais de vaidade e prepotência humanos que, a pretexto de discernimento e preparação, disseminou o excesso de normas e padrões que extinguiram com a naturalidade necessária na relação com o mundo dos espíritos fora da matéria. Ficaram estabelecidos muitos "não pode isso e não pode aquilo" como critérios de trabalho. A mediunidade foi envolvida por cadeados maciços.

Surgiram então, nos últimos tempos, grupos destemidos com a proposta de aceitar o convite do grupo espiritual de Eurípedes Barsanulfo, que o faz em nome da equipe espiritual do Hospital Esperança. Dona Modesta apresenta-se como a figura mais expressiva dessa equipe, representando um grupo enorme ligado a esse hospital.

Hoje, passados os primeiros dez anos dessa campanha, temos um pouco mais de trezentos grupos na comunidade espírita abertos a essas ideias da mediunidade, focada em serviços mais profundos com o submundo, afora os muitos grupos que já vinham historicamente realizando essa tarefa e que, nos dias atuais, se encontram em processo de desaceleração, contaminados também por esse excesso de precaução que tomou conta da seara.

Entretanto, como seria natural esperar, mesmo entre aqueles que demonstram coragem incomparável para se lançar às primeiras lições, também surgem as primeiras expressões de exagero em relação à forma e ao conteúdo. Os excessos também apareceram nesse campo de trabalho, surgindo os sistemas de mistificação coletiva em muitos desses grupos que se entregaram ao serviço. Com isso, muitos companheiros desistiram da empreitada.

Não confundamos as coisas e não joguemos fora uma proveitosa maçã, apenas porque ela tem uma pequena parte ruim. O problema não é o convite dos espíritos e o trabalho com o sombrio das semicivilizações, mas sim a prepotência humana de quem se entregou à tarefa, que chegou ao ponto de criar uma espécie de "missionarismo das trevas", ou seja, grupos com doutores em magia e PHDs em trevas, que são capazes de coisas mirabolantes no que tange a salvar dragões, resgatar magos, limpar todo tipo de aparelhos parasitas e tantas outras intervenções de grande repercussão.

Fica para vocês do GEF um registro fundamental de proteção nessa tarefa, com relação à consciência pessoal, acima de tudo. Enquanto focamos de forma delirante as trevas de fora, não investigamos com coragem o nosso sombrio pessoal. Não sabemos o que fazer com nossas culpas, com nossos impulsos primitivos. Possuímos uma insatisfação afetiva crônica, com dores emocionais na convivência familiar, que não são trabalhadas, e temos medos que nos acomodam diante de valores que necessitaríamos desenvolver com mais coragem.

Como curar as trevas de fora, se não estamos sabendo o que fazer com as de dentro? Será que estamos mesmo cooperando com o chamado do Cristo ou dando mais trabalho a Ele, com ações delirantes que promovem o ego?

Não podemos confundir nossos excessos com os benefícios da tarefa que tem trazido ótimos resultados. Quem negar totalmente a importância deste gênero de tarefa, de duas, uma: ou está na ilusão da acomodação ou não compreendeu as nuances sobre a utilidade da tarefa para o social humano e astral.

— Nossa! Agora, além de temerosa, estou encabulada! – disse Suzana.

— Por que encabulada?

— Sinto-me muito incapaz de avaliar tudo isso e envergonhada por tanta ignorância de minha parte.

Depois de décadas de Espiritismo, parece que nada sei sobre mim mesma e o mundo espiritual.

— Saiba que essa postura pode ser também muito preventiva. Essa humildade para aprender e reciclar costuma ser a melhor defesa em tarefas desse porte.

— Que critérios nosso GEF pode adotar para se cuidar e não ser mais um nessa teia de mistificação coletiva? Quais são nossas defesas reais e aplicáveis? Que qualidades necessitamos apresentar para essa atividade?

— Primeiramente, não vejo chances de um trabalho desse ser feito com segurança sem que o grupo que o executa tenha construído uma convivência muito transparente, calcada em uma relação de afeto legítimo, e que tenha no diálogo o escudo protetor de suas iniciativas.

Em segundo lugar, fica difícil aceitar que um trabalho deste porte seja realizado de forma adequada, se os seus membros não estiverem cada dia mais saudáveis emocional e mentalmente, manifestando com clareza sua melhora no dia a dia, buscando cuidados terapêuticos para sua saúde mental.

E, por último, o terceiro e mais delicado ponto: será que os tarefeiros que tiveram a ousadia de se lançar a esse gênero de iniciativas terão a humildade de abrir mão de suas concepções, realizando um exame sincero dos erros e acertos, ou vão se fechar nas suas teorias para não terem de aceitar os questionamentos que se fazem necessários para o aprimoramento? Será que farão como muitos que, ao serem questionados, vão reagir com inflexibilidade e teimosia, ou terão a simplicidade de rever pontos importantes da iniciativa?

A recomendação mais segura que resume tudo isso está no próprio Evangelho do Cristo, quando orienta: "Em verdade vos digo que, se não vos converterdes e não vos fizerdes como meninos, de modo algum entrareis no reino dos céus."[1].

É necessário aprender a abrir mão do que não funciona. Rever iniciativas, recomeçar de outro jeito. Reciclar formas de entendimento. Entendeu?

— Entendi! – disse Suzana, profundamente imersa em suas meditações. Pelo visto, levaremos muitos séculos para alcançar essas três conquistas!

— Vocês podem aguardar o desenvolvimento desses três pontos ao longo do trabalho, buscando recursos com a mais saudável e consistente atitude capaz de promover a proteção espiritual e começar o serviço imediatamente.

— Qual atitude?

— A bondade. Ela é o melhor escudo de proteção contra qualquer dardo maligno. É com ela que poderemos enfrentar serpentes, escorpiões e toda força dos inimigos, sem que nada nos faça mal.

---

1 Mateus 18:3.

E na sequência do versículo de abertura desse tema esclarecedor, Jesus ainda afirma que não nos alegremos por exercer algum poder sobre esses espíritos, mas sim porque nossos nomes estão escritos no céu. Ter o nome escrito nas planilhas de serviço do Senhor é trazer a marca moral da bondade, sentimento escasso e promotor do bem, seja onde for.

Conseguir manter o ideal da bondade aplicada e nutrir-se dela é fonte de saúde, amparo e sintonia com as esferas da luz. Bondade é o nome dos altiplanos espirituais. É o sentimento divino capaz de promover a transformação do mundo.

— Irmão Ferreira, para um ex-dirigente das trevas o senhor aprendeu muito sobre o bem!

— A escuridão ensina o valor de procurar a luz, minha senhora.

— Posso fazer uma pergunta? – disse Silvério, aproveitando a deixa de Suzana.

— Eu sei o que o senhor quer saber.

— Mesmo?

— Existem, sim, muitas referências doutrinárias sobre o assunto.

— Isso mesmo! O senhor acertou. Era o que queria saber.

— Veja por exemplo em *O livro dos espíritos*, questão 973: "Não há descrição possível das torturas morais que constituem a punição de certos crimes. Mesmo o que as sofre teria dificuldade em vos dar delas uma ideia. Indubitavelmente, porém, a mais horrível consiste em pensarem que estão condenados sem remissão.".

— O senhor trabalhou como dirigente das trevas nesses lixões, antes de ser resgatado? – continuou Silvério com as perguntas.

— Não. Enviei milhares de almas para lá. Ocupava um cargo mais importante dentro dessas organizações.

— Que cargo?

— Ocupei o cargo de justiceiro na falange dos dragões.

— E como o senhor trabalha atualmente nesses lugares? Fica em silêncio, usa algum aparelho?

— Canto muito quando estamos em trabalho. É um ritual de preparação. O bando todo se sente mais seguro.

Estamos em guerra. A guerra pelo amor. Acredite, cabra! Oramos e usamos também recursos técnicos de proteção similares às vossas armas mortais. A guerra é pela vida aqui também.

Não se espantem com o que vou dizer, mas tenho muitas cicatrizes pelo corpo adquiridas no trabalho espiritual.

— E como o senhor se sente sendo um ex-dirigente das trevas?

— É da Lei Natural que o charco receba, igualmente, a luz do sol. As pontas extremas da maldade e do bem podem ser percorridas com rapidez quando a alma se redime perante sua própria consciência, por meio da reparação.

Tornar-me um soldado das trevas, de algum modo, não deixou de ser um grande investimento de Deus na Sua obra. Agora que reconheço a direção a seguir, tudo que aprendi é ferramenta para edificar o bem. Estou refazendo minha direção.

Se há algo que as furnas da maldade temem pra valer é que as baixas em suas fileiras sirvam às falanges da luz, ainda desencarnados. Isso aconteceu comigo.

De minha parte, conquanto saiba do quanto ainda hei de trabalhar para estar em paz com a minha consciência, posso dizer que sou feliz por ter muito que fazer nos canteiros da semicivilização, onde, por minhas próprias mãos, plantei lamentáveis sementes de ódio e destruição na caminhada dos milênios.

O amor de Eurípedes Barsanulfo e Isabel, a Rainha Santa de Portugal, além do carinho e do amor de dona Modesta, redimiram minhas intenções para que eu enxergasse que o Cristo, a quem sempre acusei de inimigo, teve sempre os Seus compassivos olhares sobre meus passos desacertados.

Sinto o amor do Cristo por essas plagas penitenciais. E Ele nos convoca a esse amor sem limites, caso queiramos uma Terra renovada. Não haverá regeneração enquanto existir lixões e submundo, vibriões e organizações da maldade.

Orgulho-me de poder fazer algo na obra do Senhor onde poucos querem ou podem servir!

Amo os infernos!

— O senhor poderia me esclarecer se o submundo tem uma organização social?

— Das mais avançadas, em alguns locais.

— Não há um contraste nas narrativas que falam de organizações com tecnologia avançada e dos locais de perturbação e miséria?

— Esse contraste é verdadeiro. No reino da maldade organizada, existem as megalópoles urbanizadas em escala mais adiantada que as da Terra. Elas são circundadas por ambientes de escassez de todo gênero.

— Podemos imaginar uma cidade das trevas semelhantes à Nova York?

— Sim. Sem dúvida nenhuma.

— Então existem cidades trevosas de primeiro mundo?

— Muito melhores que Nova York.

— Perdoe-me, pois estando na matéria, minhas perguntas não poderiam eximir as comparações.

— É assim que desejamos que proceda. Dona Modesta está aqui e diz: pense como gente se quer ter alguma utilidade com esse trabalho.

— Sua fala sobre Nova York me fez lembrar um livro mediúnico que li recentemente, no qual encontramos algumas novidades sobre o mundo espiritual como: atropelamento, carteira de identidade, gravidez e até cemitério. Comente, por caridade.

— Temos também transplante de cérebro, ciclo menstrual, homossexualidade, traição conjugal, política, dinheiro, horta, festa junina, galinha pondo ovos, vaca dando leite, xifópagos, penitenciárias, plantação de café, seca, enchentes, furacões, aviões e impostos. Quer que cite mais?

— Impressionante! Impostos? – espantou-se Silvério, que trabalhava em órgão público.

— Impostos e corrupção.

— Achei que me livraria disso! – disse Silvério, sorrindo. E quais são as condições de vida nas regiões de semicivilização? Elas são diferentes das megalópoles?

— Ausência total de higiene; poluição ambiental de gases produzidos pelas emanações mentais degradantes; deformação perispiritual resultante das adaptações às condições precárias de sobrevivência; pouca ou nenhuma luz em função dos locais densos de formações rochosas semimateriais; intensa presença de infecções e doenças afins, estruturadoras de epidemias; fome; permissividade; loucura. Como consequência de tais características, a vida na semicivilização se tornou exótica nas suas formas de expressões fisionômicas, na linguagem e nos hábitos.

É um lugar que apavora aos menos experientes e causa enorme dor a quem não se habituou com a realidade da vida.

— Como são os espíritos da semicivilização?

— Alguns são pessoas comuns, como nós. Afora esse padrão humano, vamos encontrar de tudo um pouco, com as mais intensas variações de mutações perispirituais.

— Há interesse das organizações do mal pelas criaturas viventes nesses locais?

— Existe interesse quando existe possibilidade de atingir objetivos que coadunam com tais comunidades. Já vimos pequenos abutres naturais desses locais sendo usados para diversos tipos de exploração vampiresca, em viciados de vários tipos. Com rara facilidade se adaptam a tais locais, causando danos severos. Rondam alcoólatras, drogaditos, ambientes permissivos e antros de maldade. Como os pássaros notívagos, escondem-se da luz e adoram as armadilhas sombrias da noite. Soltam gritos estridentes e algumas vezes são ouvidos no plano físico, devido ao volume de ectoplasma que consomem. Quase sempre são controlados e manipulados pelos representantes dessas comunidades organizadas da maldade.

A conversa entre irmão Ferreira e o pessoal do GEF foi fundamental e decisiva. Como se aproximava o horário destinado a outras tarefas, ainda naquela noite, o cangaceiro do Cristo se despediu e tomei a palavra por intermédio de Paolo.

— Meus filhos, espero que esse diálogo tenha sido o primeiro passo!

— Meu Deus! – Maurício tomou a palavra. Foi mais que um passo, foi uma caminhada!

— Nossa equipe está feliz com as primeiras orientações. Essa será a tônica das nossas atividades socorristas ao submundo. Vamos aprender fazendo. Vamos servir e ser úteis, pois são as formas pedagógicas mais eficazes de aprendizado.

As atividades daquela noite foram encerradas em clima de festa. Todos, sem exceção, nutriam esperanças e as depositavam em um único foco: na nossa equipe espiritual. Rendiam-se obedientes à força das ideias e do sentimento cristão que ali imperava. Nenhuma diferença conseguia abalar a força dessa união de propósitos. Era uma entrega pelo coração! Essa talvez seja uma das conquistas que mais mereça destaque nos serviços de Jesus, aplicada aos sagrados campos da mediunidade.

Por vezes, o personalismo, o preconceito, o julgamento, a adversidade, a antipatia e a arrogância têm causado desastres lamentáveis à obra do bem, entorpecendo inteiramente grupos de trabalhadores que passam a discutir suas questões pessoais e pontos de vista, ignorando totalmente os laços afetivos do seu grupo espiritual, na hora do conflito e da disputa.

E por que isso acontece? Apenas por uma questão de maturidade moral? Não. Não é só por isso, embora resida nisso o ponto fundamental do exercício mediúnico com Jesus. Não podemos deixar de mencionar que a compreensão que se tem da mediunidade possui enorme e decisiva influência nos grupos mediúnicos, para que ajam com tamanho descuido e desconsideração aos vínculos e laços espirituais. E compreensão é também um dos ingredientes da maturidade emocional e moral.

Boa parcela dos serviços mediúnicos ainda está afeiçoada à ideia de sempre amparar as sombras, porém, poucos conseguem traduzir, comunicar ou alcançar uma ligação afinada com os servidores da luz.

Com essa conotação de que a mediunidade tem por objetivo socorrer espíritos em desajustes dolorosos, os benfeitores quase não têm vez de participar das tomadas de decisão. Com esse propósito nobre de servir às dores dos desencarnados, muitos grupos não encontram razões e estímulos para uma conexão com seus orientadores. Alguns chegam a asseverar que, na dependência dos trabalhadores para com os mentores, gasta-se um tempo que poderia ser empregado no bem dos sofredores. Outros chegam a acreditar que os benfeitores, quando querem dizer algo, buscam a psicografia e não ocupam o tempo destinado para cuidar dos obsessores.

Maturidade do entendimento. Maturidade moral. Eis a grande conquista a ser realizada!

A história do GEF nos leva a refletir na essência das lições de Jesus nesse setor do intercâmbio mediúnico como sendo uma parceria. Pessoas simples, carregando ainda muitas lutas a vencer em suas almas e com boa orientação espiritual são capazes de realizar muito quando seus corações abrem uma pequena fresta para a entrada da luz do amor.

Nossos companheiros no GEF são pessoas em busca de sua melhoria e crescimento espiritual. Juntos, conseguiram se transformar em um canteiro de esperanças e vitórias. Eles conseguiram abrigar em seu íntimo a vibração cósmica da amorosidade sem limites. Entraram, por essa razão, em sintonia com a lei que rege os mais sublimes planos da vida: a fraternidade sem barreiras. Conseguiram agasalhar em seus corações a vibração da universalidade, sob a égide de que todos os rótulos e separatismos se extinguem para dar lugar ao apoio, à colaboração e à união.

Essa necessidade humana de separar o inseparável, de distinguir o certo do errado, de desvalorizar quem não esteja afinado com os modelos é, sem dúvida, um dos maiores entraves aos serviços do bem na Terra. O preconceito, o racismo, a xenofobia, a homofobia, a discriminação da mulher, o desrespeito aos idosos, o menosprezo às classes sociais mais carentes e o privilégio para com as mais abastadas, enfim, toda forma de separatismo é resultado da maior doença que assinala este planeta de provas e expiações: o egoísmo.

Vencer os preconceitos que excluem os diferentes, abraçar com respeito a diversidade, entender que diferenças fazem parte de um todo, dilatar a consciência de que a vida é um sistema e que essa separação de seitas, partidos, movimentos e culturas é algo ilusório é a base para uma entrega psíquica que permite florescer as bênçãos entre planos distintos da vida: o espiritual e o físico.

A Doutrina Espírita iluminou nosso caminho de diretrizes e compromissos, para que a consciência possa se libertar dos grilhões da culpa e da dor; entretanto, não nos impôs o pesado ônus de assumir aquilo que ainda não queremos ou não conseguimos.

Ser espírita e médium com o Cristo não é tarefa para os anjos. Todos podemos, dentro das limitadas condições que ainda nos assinalam, fazer algo em favor do bem e do próximo, diminuindo nosso egoísmo e dilatando a luz da fraternidade.

Trabalhamos todos pela nossa melhoria e, mais que conhecimento espiritual, o conhecimento de nós mesmos é a garantia mais segura para que a nossa sombra interior não seja a nossa grande adversária no bom aproveitamento das oportunidades de servir e aprender.

Quando o amor sucumbe, a trevas vencem. Se faltar a luz da generosidade, do afeto e do sentimento cristão, seremos atormentados pela escuridão da mágoa, da disputa e da inimizade.

Para os serviços com os infernos, é necessário que tenhamos laços com o céu. Para descer aos despenhadeiros do submundo astral, pede-se apenas a união de propósitos em torno do ideal do perdão e da tolerância, para recolhermos os sentimentos elevados por parte de tutores amoráveis que nos amparam os esforços.

O chamado de Jesus é para todos os que se encontram doentes e buscam sua cura pessoal. A regeneração bate à porta do planeta Terra neste século 21. Os pilares morais, sociais e espirituais deste tempo estão em plena construção. Para que esse novo tempo se estabeleça, é imperiosa a limpeza dos escombros morais, sob os quais se encontram soterrados bilhões de irmãos, nossos familiares espirituais, nas furnas da infelicidade, da tormenta e da loucura.

Os médiuns da regeneração se fazem archotes de luz nas trevas, auxiliando, efetivamente, a remoção de tais escombros, pelo simples fato de investigarem seu sombrio pessoal. São dispensadores emocionais capazes de manter o clima da serenidade mesmo ante os vendavais da agressividade, do preconceito, da maldade calculada e do poder organizado.

Nos bastidores da transição, há gemidos de dor, calados pelo materialismo voraz, esperando a luz do amor e o poder da coragem para salvá-los dos pátios horrendos na vida extrafísica. A defesa para aqueles que se oferecem a essa missão gloriosa, rejeitada por muitos grupos mediúnicos, é algo de incomparável grandeza e justiça.

As palavras de irmão Ferreira naquela noite de oportunidades junto ao GEF fortaleceu o ideal de servir de nossos companheiros, que até hoje se mantêm firmes em busca dos diamantes atirados no lodo, que não perderam sua luz e sua condição gloriosa de filhos de Deus.

O Cangaceiro do Cristo os conscientizou de que eles tinham os seus nomes na mesa de Jesus, e que nenhum amparo lhes faltaria no serviço do bem. Isso também serve para todo aquele que se oferecer no bom combate das lides da luz espiritual pela implantação da regeneração na Terra.

Entrevista com dona Modesta

Realizada por Wanderley Oliveira

Qual o seu objetivo com este livro?

Relembrar o ensino do Cristo sobre o amor. Não teremos paz interior nem regeneração no planeta se continuarmos apegados ao egoísmo e à paralisia em ser útil ao nosso semelhante. O amor é o caminho para um mundo melhor e com mais paz.

Quando se passou a história do Grupo Espírita Fraternidade, o GEF?

No ano de 2010, quando, entre nós, celebrava-se a primeira década de esforços para aplicar o chamado de Eurípedes Barsanulfo e Isabel de Aragão, que nos conclamaram à limpeza do submundo astral.

A senhora destaca sempre a importância da convivência nos grupos mediúnicos que vão servir a esse gênero de trabalho com o submundo. Por qual motivo?

Para que não haja transferência de responsabilidade ao mundo dos desencarnados pelos desatinos que são cometidos pelos próprios encarnados. Há uma acentuada negligência em responsabilizar os espíritos pelas dificuldades enfrentadas nos relacionamentos que estão dividindo muitos grupos formados para esse fim. Não fosse isso, não teríamos tanta divisão.

Mas a divisão não é algo sadio?

Se for feita na paz, sim. Não com mágoas e conflitos improdutivos, como tem ocorrido. As divisões feitas no clima da disputa aumentam o trabalho, mas necessariamente não multiplicam o amor. Há grupos que se formam para atender às trevas e nos dão mais trabalho que elas. Consomem nossos esforços para amenizar e atenuar as lutas de antifraternidade.

Impressionou-me saber que em um país como o Brasil, onde existem aproximadamente vinte mil grupos espíritas, apenas pouco mais de trezentos estão executando essa tarefa com o submundo, vinculados ao Hospital Esperança. Pode nos dizer algo sobre isso?

Em verdade, temos milhares de outros grupos que historicamente realizam algo nesse setor. Os serviços com o submundo eram mais comuns nas décadas de 1940 a 1960. Entretanto, a vaidade e o excesso de normatização estão asfixiando muitos desses grupos corajosos, que estão minguando suas contribuições, paulatinamente, muito também em função do desencarne de seus fundadores destemidos, que viveram noutro tempo da mediunidade.

Essas três centenas de grupos citados formaram-se nos últimos catorze anos, desde o momento em que intensificamos esse chamado junto às agremiações espalhadas pelo planeta.

Somente grupos espíritas fazem parte dessas agremiações?

Temos muitos grupos umbandistas, apométricos, orientais e espiritualistas.

Podemos afirmar que esses grupos são compostos por pessoas com compromissos nessas esferas, como Matias[1], em seu livro *Os dragões*?

Todos temos compromissos com o submundo, meu filho. Alguns assumem deveres mais específicos com tais iniciativas, como é o caso de Matias, Paolo e Suzana. Naquela passagem em que os dois estão fora do corpo, durante a noite, em doação de ectoplasma aos ovoides, foi descrita apenas uma das muitas atividades que contavam com a participação dos dois médiuns devotados do GEF.

Observei que, ao abordar os assuntos relativos às organizações da maldade neste livro, a senhora não se aprofundou tanto como no livro *Os dragões*. Por qual razão?

De fato, não houve nenhuma pretensão de escrever um compêndio para dilatar a experiência prática nos serviços com as organizações da maldade.

---

1   Capítulo 2 do livro *Os dragões*, obra mediúnica de autoria espiritual de Maria Modesto Cravo e psicografia de Wanderley Oliveira, Editora Dufaux.

Nosso singelo propósito é colocar Jesus e Seus ensinos entre os discípulos dessa nova era de parcerias entre os mundos físico e espiritual, para que o amor se sobressaia e haja mais expansão do bem e da luz do que o encanto com magia e técnicas na execução da tarefa.

A senhora chama a atenção de Paolo para a discrição, e de Suzana para abrir mão do controle. Pode nos falar sobre o motivo dessas alertivas e se elas guardam alguma relação objetiva com esse gênero de trabalho com o submundo?

São duas lições muito pertinentes aos aprendizes nos serviços com o submundo.

Quem não mantiver a discrição, certamente vai experimentar o descaso, a zombaria e a decepção. Quem não souber abrir mão do controle e submeter-se à obediência, não conquistará o clima da entrega necessária, que permite a expressão da fé e da bondade no coração.

Qual característica principal podemos reconhecer em um médium da regeneração?

Maturidade emocional.

Poderia detalhar essas características da maturidade emocional?

Pessoas maduras emocionalmente adoram compartilhar amor. Saíram da condição daquele que se ilude, achando que o amor é uma necessidade compulsiva da carência.

Conseguem lidar bem com as mais diversas emoções, sempre encontrando na frustração, na culpa, no ciúme e na tristeza fontes seguras de avanço e crescimento.

Confrontam os problemas de relacionamento, ao invés de jogá-los para debaixo do tapete do coração. E, ao fazerem isso, buscam soluções e formas de conviver que lhes permite leveza e ternura.

Aprendem com a experiência e se voltam a si mesmos para examinar sua responsabilidade e o quanto precisam aprender, enquanto os imaturos preferem acusar a fatalidade, o azar, as entidades espirituais ou a Deus pelos seus infortúnios.

E, por fim, os maduros emocionais são confiantes porque adoram a realidade e não vivem de ilusões. Eles caminham pela vida com relativa serenidade, com disposição de servir e aprender sem desânimo.

Um psiquismo maduro é o espelho no qual podem se refletir as luzes dos tempos novos, retratando as vivências luminosas e libertadoras para as dores humanas.

Abordando assuntos relativos a grupos que estão colaborando com os serviços de asseio do submundo astral, a senhora poderia nos revelar quais os principais objetivos desse tipo de tarefa para vocês, no mundo espiritual?

Três são os nossos objetivos mais imediatos:

1º) Ampliar a compreensão sobre a natureza das tarefas mais emergentes na vida espiritual, tendo em vista os planos do Cristo para o terceiro milênio.

2º) Convocar outras trincheiras leais no plano físico, para o adiantamento da regeneração da Terra, por meio da formação de núcleos produtivos de serviço cristão que se tornem referências de paradigmas seguros e eficazes em parcerias mediúnicas.

3º) Abrir os massivos cadeados do dogmatismo religioso sobre a verdade, especialmente sobre a relação entre os mundos físico e espiritual.

Muito interessante a fala de irmão Ferreira, no último capítulo, destacando que os grupos mediúnicos focados nesse compromisso acreditam que a principal tarefa é com os chefes de falanges e, no entanto, ele abre um novo enfoque. Poderia comentar?

A variedade de atividades que se pode realizar em se tratando de serviços com o submundo astral é infinito.

Esse enfoque em chefes de falange e magos negros tornou-se um fenômeno reincidente nos casos de grupos que não abriram ainda suas mentes para os serviços mais singelos e, nem por isso, menos importantes no asseio das regiões subcrostais no astral.

Estaria havendo algum animismo ou outro tipo de problema com filtragem a respeito dessa necessidade de converter dragões, magos e chefes de falanges?

Pode ser. Em alguns casos, tem havido excessos provenientes das mentes mediúnicas ainda atreladas a uma certa dose de prepotência. Todavia, com isso, não estamos dizendo que tais iniciativas não sejam possíveis. Ao contrário, graças aos esforços dessas centenas de grupos no mundo físico, o panorama na hierarquia dos ícones da maldade tem sofrido profundas alterações.

O que os grupos estão necessitando é de abrir um pouco mais a mente para a diversidade de serviços a que somos convocados. Muitas vezes, o simples contato com a matéria dos corpos físicos dos médiuns será abençoada dádiva em favor das lutas nessas esferas.

É o caso dos vibriões, que mereceu destaque de irmão Ferreira nas respostas dadas por ele, no último capítulo?

Exatamente. Dos bilhões de almas no submundo, apenas alguns milhões estão na condição de legionários hierárquicos e chefes de falange, coordenando multidões, seja de encarnados ou desencarnados. A maioria da população dessas localidades padece os efeitos variados em suas próprias mentes por causa do tempo que permanecem a serviço do mal, sendo entregues por seus próprios dominadores às regiões-depósito, nas circunvizinhanças das suas cidades organizadas. São locais de pavor e muita dor.

Vibriões, escórias[2], ovoides, espíritos da semicivilização e toda a variedade de formas humanas que se embrutecem nos abismos da maldade podem receber muitas formas de ajuda e de calor humano.

Existem prisões que ficam no Vale do Poder, região periférica e muito ampla da Cidade do Poder[3], comandadas pelas falanges draconianas, onde muito serviço pode ser prestado.

Lá temos calabouços, grotas, lagos de enxofre, lagos de gelo, salas de tortura, cemitérios de gaveta dos vibriões, lixões astrais, paredões de penitência, corredores da "morte", tribunais de inquisição, pântanos das escórias e tantos outros lugares de horror e crueldade que fizeram Dante Alighieri narrar o inferno, em **A divina comédia**, como já mencionou irmão Ferreira.

Dona Modesta, pode nos dar uma mensagem final dentro dos propósitos do seu livro?

---

2   "Estamos na região subcrostal chamada *Pântano das Escórias*, subúrbio enfermiço do Vale do Poder. Aqui são feitos prisioneiros os servidores da maldade organizada que não obtiveram êxito em seus planos nefandos. Castigos e sevícias de todo o porte são levados a efeito nestas plagas.". (Trecho do livro *Os dragões*, obra mediúnica de autoria espiritual de Maria Modesto Cravo e psicografia de Wanderley Oliveira, Editora Dufaux.)

3   Os dragões, logo após a queda do Império Romano, fundaram a mais ampla penitenciária de todos os tempos sob a crosta do Velho Mundo, chamada Vale do Poder, um local de escravização sem precedentes na história da Terra, uma sombra tenebrosa da Cidade do Poder. (Idem.)

No sentido espiritual, o Brasil é um coração bombeando o sangue das energias da fraternidade em favor do peso psíquico que circula e onera as coletividades do Velho Mundo.

Servir a essa limpeza do submundo é aliviar o astral dos países desenvolvidos socialmente, mas compromissados espiritualmente a carmas e compromissos graves.

Participar espiritualmente da cruzada do bem em favor desses momentos decisivos do planeta, arejando a carga energética sobre a Europa e os países velhos, é trabalhar por um mundo melhor.

Essa tarefa é digna da missão do nosso país, que possui não somente riquezas naturais, mas o tesouro da fé e a bênção da espiritualidade espontânea em seu povo.

Cada bomba e cada irmão que morre em outros países onde existem guerras e costumes fundamentalistas é assunto que interessa a cada um de nós que erguemos a bandeira do Espiritismo cristão.

Que esse amor tão propagado entre nós possa nos sensibilizar, para que tenhamos abertura em nossas almas e possamos colocar em nosso aconchego mediúnico aqueles que longe de nós sofrem ainda os reflexos da maldade organizada em ambos os planos da vida.

Que Jesus nos inspire os ideais de servir!

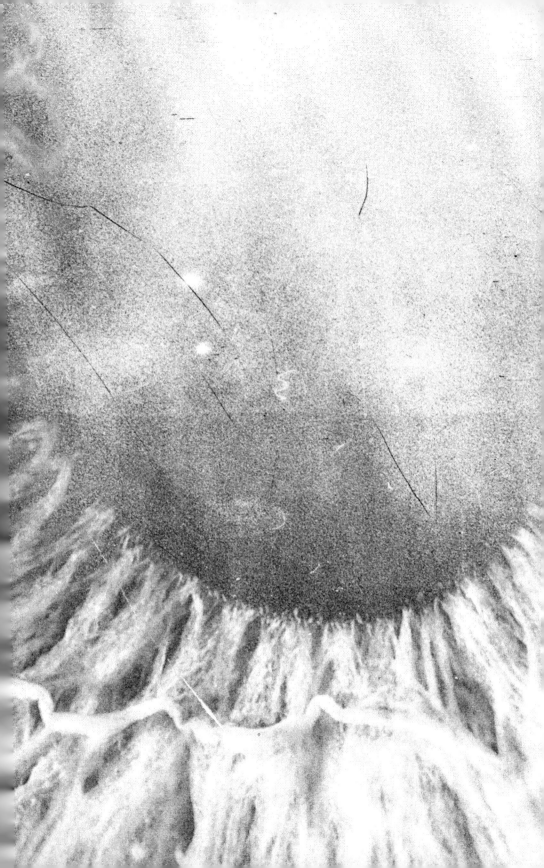

Ponderações sobre experiências mediúnicas com o submundo astral

Wanderley Oliveira

"Em verdade vos digo que, se não vos converterdes e não vos fizerdes como crianças, de modo algum entrareis no reino dos céus."

Mateus 18:3.

Após alguns anos de experiência mediúnica com o submundo e a semicivilização nele existente, resolvi anotar algumas reflexões que possam auxiliar àqueles que se interessem pelo assunto. São reflexões singelas e não tenho outro propósito senão o de registrar alguns pontos que poderiam resultar em produtivos debates em grupo.

Inicialmente, gostaria de registrar que tais experiências somente começaram a fazer parte de minha mediunidade após 22 anos de educação mediúnica rígida, pautada em uma prática de disciplina, assiduidade, estudo e serviço no bem, cuja orientação foi buscada em Jesus, Kardec, Emmanuel e André Luiz e nas obras mais conhecidas e estudadas no Espiritismo. Essa base, pelo menos para mim, foi de fundamental importância para aderir aos trabalhos com o submundo de uma maneira mais segura e consciente.

Depois de quatorze anos experimentando esses caminhos novos, formei uma visão mais realista e educativa de tudo o que aconteceu ao longo dessa fase nova de meu aprendizado mediúnico.

Apresento apenas algumas opiniões e vivências pessoais. Não guardo nenhuma pretensão de verdade em relação a elas. Se algum valor elas contêm, é o de serem retiradas da prática e não da teoria. Ficarei feliz por ser contestado e ter a oportunidade de ampliá-las por meio do debate em grupos e da boa conversa. Nessa hora, sinto-me como um menino diante da grandeza do aprendizado a ser feito, e feliz por poder oferecer algo de mim mesmo.

Aliás, no assunto submundo astral e mediunidade, a postura mais sensata de todos nós é a do estudioso e investigador sem preconceitos, disposto a arejar as concepções. Ter muitas certezas sobre quaisquer referências que nos ofereceu a literatura mediúnica consagrada, ou ainda, sobre os novos ensinos trazidos pelos espíritos, é no mínimo um descuido que, inevitavelmente, nos levará aos excessos.

O ideal mesmo é seguir a sábia recomendação do Cristo: buscarmos a simplicidade, a inocência e a aceitação características das crianças.

Farei uma divisão de abordagem em oito temas para facilitar o entendimento.

Disponibilidade para a experimentação

O serviço socorrista com a semicivilização é diferenciado. Por essa razão, necessita de diretrizes mais amplas, nem sempre encontradas nos livros básicos ou complementares do Espiritismo. Estudos, pesquisa e uma abertura mental para novas ideias pesquisadas fora da doutrina se fazem necessários. Quem ainda acredita que Espiritismo contém toda a verdade do universo, terá muita dificuldade nesse aprendizado espiritual.

Seria muito mais cômodo e menos sacrificial realizar a tarefa mediúnica nos moldes tradicionais; entretanto, o ponto nuclear da proposta é estender nossa colaboração a Eurípedes Barsanulfo, que assumiu, junto a Cristo, o trabalho de limpeza do submundo astral como umas das mais urgentes e árduas tarefas a caminho da regeneração.

Os espíritos da semicivilização, no seu patamar de necessidades e limitações, não se beneficiam tanto quanto o necessário com as tradicionais técnicas de fluidoterapia espírita, como passes, água fluidificada, doutrinações e oração.

Para necessidades específicas, metodologias específicas. Por essa razão, a disponibilidade para experimentar novos formatos de comunicação mediúnica e modelos de trabalho são fundamentais nessa atividade.

Mentalismo, doutrinação e novas metodologias

Basicamente, um dos pontos mais delicados dessa atividade é o conflito de ideias entre a concepção doutrinária espírita sobre o mentalismo, ou força do pensamento, e a energia do corpo que, por falta de melhor terminologia, chamamos de ectoplasma.

Há quem insista na força do pensamento como condição única para tratamento de todos os casos de espíritos desencarnados. Já os espíritos, em nossas reuniões, alargam esse conceito focalizando o corpo físico e seu potencial energético como fator essencial nesses tratamentos, sem abolir os recursos do mentalismo. E esse ponto implica toda uma mudança de métodos e posturas no dinamismo de uma sessão de intercâmbio com os espíritos do submundo.

Quando a proposta vem "de cima"

Não fomos nós, os encarnados, que criamos essa proposta de trabalho. Ela nasceu a partir de fenômenos mediúnicos que nos convidaram à investigação, vindo a formar um primeiro juízo somente depois de analisá-los e discuti-los. A única regra que aplicamos, a princípio, foi a de conceder aos médiuns uma movimentação mais livre, para manifestarem suas percepções, ideias e sentimentos.

Um ensino fundamental ministrado pelos amigos espirituais com relação a essa tarefa é a de que todos os trabalhadores, sem exceção, podem cooperar. Em nenhum momento dessa nova caminhada percebemos os espíritos centralizando o trabalho nos médiuns.

Evitar queimar etapas

Não devemos ter a pretensão de supor que todos os grupos devem ser conduzidos pelas práticas que aqui estão em exame. Quem preferir a forma já desenvolvida de trabalho, deve se manter nela, evitando queimar etapas preparatórias, pois, do contrário, poderá atrair muita desarmonia nas relações.

Os pontos fundamentais dessa nova proposta estão baseados nos mesmos que direcionaram o exercício mediúnico até agora: afeto, confiança, coragem, espontaneidade, comprometimento, humildade, honestidade com seus sentimentos, discernimento e esforço.

Qualquer grupo e seus dirigentes devem estar muito atentos ao significado da expressão "queimar etapas". Não fechamos nenhum conceito rígido sobre o assunto, embora tenhamos presenciado alguns danos à proposta em decorrência da falta de atenção na escolha das pessoas para essa atividade, que não apresentam maturidade para presenciar tais experiências.

Posso dizer com certa segurança que o conhecimento doutrinário é fundamental, mas não é nenhuma garantia de harmonia no trabalho mediúnico ou no equilíbrio dos médiuns. Isso tem ficado cada dia mais claro em nossas experiências. Por outro lado, a ausência de esclarecimento é um fator decisivo para sérios problemas na prática.

Mais que conhecimento, a formação de uma base estável está no trabalho de renovação dos nossos sentimentos e atitudes por meio do investimento na educação emocional dos médiuns e do grupo. Esse é o critério mais seguro e desejável para tais atividades.

Alterações no psiquismo dos médiuns

Os médiuns que se entregam a essa tarefa têm um ônus energético muito mais intenso que nas comunicações psicofônicas. Nesse caso, temos incorporações e outros tipos de ligação com alcances que vão além do puro mentalismo. A expressão que os espíritos nos trouxeram para essa modalidade de serviço foi "vampirismo assistido"[1]. Por esse motivo, eles têm de estar em dia com seus deveres conscienciais, pois, do contrário, poderão apresentar perturbações psíquicas.

A tarefa de socorro aos Espíritos da semicivilização tem implicações na estrutura mental dos médiuns, que devem analisar com muito critério para que e quando terão condições de prosseguir. A rigor, eles próprios não têm limites claros nesse sentido.

O médium que afirmar não possuir condições de controlar suas habilidades mediúnicas pode estar a caminho de uma perturbação, independentemente de estar nesse trabalho. Não podemos confundir a espontaneidade mediúnica, que é a liberdade de ação no uso da faculdade, com a impossibilidade em administrá-la. A entrega do médium não pode ser tomada como total isenção de limites.

Avaliações: mecanismo de segurança e aprimoramento

Durante os trabalhos recuamos em algumas práticas, em determinado momento, porque os médiuns, em nome da espontaneidade, terminaram expressando-se com excessos. Aliás, quem não admite a possibilidade do excesso em experiências para as quais ainda não se

---

1   Capítulo 7 do livro *Os dragões*, obra mediúnica de autoria espiritual de Maria Modesto Cravo e psicografia de Wanderley Oliveira, Editora Dufaux.

tem referências está abrindo uma larga porta para a perturbação espiritual. Se o excesso surgir, é hora de avaliação e de unir as mãos para encontrar o melhor caminho.

Recuamos para avançar com mais acerto e não por acharmos que o trabalho estava na direção errada. Recuo também significa uma postura mental mais observadora na reunião. Tudo deve ser feito em comum acordo com o grupo, no intuito de haver uma percepção mais nítida do que os condutores espirituais do trabalho esperam de nós.

É muito importante que o grupo tenha o direito de manifestar qualquer desconforto com a tarefa. Quando não há espaço para discuti-lo e colocá-lo abertamente e sem melindres, provavelmente se tornará foco de insegurança e conflitos, podendo ocasionar desentendimentos.

O diálogo franco e as avaliações contínuas são fundamentais para o esclarecimento de dúvidas e a adequação do formato às necessidades de aprimoramento do grupo. Além disso, devem-se colocar em debate textos, orientações e quaisquer produções mediúnicas para que não haja uma interpretação definitiva por parte de dirigentes ou médiuns.

Mediunidade é oportunidade de aprimoramento moral. Se nos esquecermos desse ponto, falharemos no essencial. Cada pessoa deve perguntar a si mesma o que está aprendendo com a tarefa e, quando encontrar algum problema, oferecer soluções, em vez de agravá-la por meio das avaliações.

Papéis compartilhados na equipe

Qualquer dirigente que preze o trabalho coopera com o grupo através do seu próprio exemplo. Ele pode e deve compartilhar os papéis e criar uma noção aplicada de equipe sempre que necessário. Os dirigentes centralizadores prejudicam, sobremaneira, a tarefa.

Em determinados momentos e por algumas necessidades, os médiuns podem exercer a condução das atividades em plena identidade de sintonia com a equipe espiritual.

Relações humanas honestas e afetivas

Deixei por último o que considero o ponto mais danoso a qualquer iniciativa mediúnica, tenham ou não as características das atuais experiências com a semicivilização. Esse ponto importantíssimo reside na diferença entre o que fazemos e o que sentimos nas atuações dos adversários do trabalho nessa diferença.

Na maioria dos agrupamentos mediúnicos, isso se tornou um traço comum: há uma negação ostensiva do que sentimos. Por isso muitos grupos são destruídos. Estamos custando a dar conta de nossa realidade interior, por isso tentamos esconder nossa realidade íntima, mesmo sem ter essa intenção. Tornamo-nos hipócritas para não termos de assumir nossas responsabilidades, nossos verdadeiros problemas, uns perante os outros. Estamos acostumados a mentir para nós mesmos.

As consequências desse comportamento surgem de algumas formas: não saber discordar sem gostar menos, não saber expressar desgosto sem mágoa, raramente pedir desculpas nos momentos de crise nas relações, sempre interpretar a atitude alheia e não a nossa e manter a aparência de equilíbrio.

Raramente alguém reconhece sua parcela de erro nos conflitos e, mais raramente ainda, volta atrás em suas decisões nem sempre felizes. Temos inveja, fazemos disputas, não gostamos de certas pessoas, detestamos certas tarefas, não acreditamos em certos médiuns, rejeitamos certas ideias, mas não assumimos uma relação pacífica com tudo isso dentro de nós.

Temos motivos para acreditar que as relações humanas honestas e afetivas são tão importantes quanto o conhecimento para o êxito nos trabalhos com mediunidade.

O que mais devemos prezar, cientes que isso exige uma enorme reeducação de todos nós, é a honestidade emocional nas relações. A honestidade interpessoal e intrapessoal. A honestidade com os outros será fruto daquela que tivermos conosco. Essa a razão de Ermance Dufaux ter escrito um livro nos convidando a adotar a atitude de nos amarmos como merecemos[2].

Diante dessa nova ordem de trabalhos mediúnicos, jamais devemos esquecer que quem mais necessita desse socorro somos nós mesmos. Daí a pergunta: Como estamos nós? Esse tem sido o questionamento

---

2 *Escutando sentimentos,* obra mediúnica de autoria espiritual de Ermance Dufaux e psicografia de Wanderley Oliveira, Editora Dufaux.

que me conforta e me dá esperanças diante dos desafios, que vão muito além de minhas limitadas possibilidades de enxergar e discernir a grandeza desse "chamado" de Eurípedes Barsanulfo para o saneamento do submundo astral.

Ficha técnica

Título
O lado oculto da transição planetária

Autoria
Espírito Maria Modesto Cravo
Psicografia de Wanderley Oliveira

Edição
1ª

Editora
Dufaux (Belo Horizonte - MG)

ISBN
978-85-63365-57-6

Capa
Tiago Macedo

Projeto gráfico
Priscilla Andrade e Tiago Macedo

Diagramação
Priscilla Andrade

Revisão da diagramação
Nilma Helena

Revisão ortográfica
Cecília Beatriz e Juliana Biggi

Coordenação e preparação de originais
Maria José da Costa e
Nilma Helena

Composição
Adobe Indesign, plataforma Windows 10

Páginas
297

Tamanho
Miolo 16x23 cm
Capa 16x23 cm
Orelhas 9 cm

Tipografia
Texto principal: Georgia 12pt
Título: Depot 22pt
Notas de rodapé: Georgia 10pt

Margens
22 mm: 25 mm: 28 mm: 22 mm
(superior:inferior:interna;externa)

Papel
Miolo norbrite 66,6g
Capa papel Suzano 250g/m2

Cores
Miolo 1x1 cores K
Capa em 4x0 cores CMYK

Impressão
AtualDV (Curitiba)

Acabamento
Miolo: Brochura, cadernos de 32 páginas, costurados e colados.Capa: Laminação Soft Touch

Tiragem
Sob demanda

Produção
Fevereiro/2022

NOSSAS PUBLICAÇÕES

SÉRIE AUTOCONHECIMENTO

DEPRESSÃO E AUTOCONHECIMENTO - COMO EXTRAIR PRECIOSAS LIÇÕES DESSA DOR

A proposta de tratamento complementar da depressão aqui abordada tem como foco a educação para lidar com nossa dor, que muito antes de ser mental, é moral.

Wanderley Oliveira
16 x 23 cm
235 páginas

FALA, PRETO VELHO

Um roteiro de autoproteção energética através do autoamor. Os textos aqui desenvolvidos permitem construir nossa proteção interior por meio de condutas amorosas e posturas mentais positivas, para criação de um ambiente energético protetor ao redor de nossas vidas.

Wanderley Oliveira | Pai João de Angola
16 x 23 cm
291 páginas

QUAL A MEDIDA DO SEU AMOR?

Propõe revermos nossa forma de amar, pois estamos mais próximos de uma visão particularista do que de uma vivência autêntica desse sentimento. Superar limites, cultivar relações saudáveis e vencer barreiras emocionais são alguns dos exercícios na construção desse novo olhar.

Wanderley Oliveira | Ermance Dufaux
16 x 23 cm
208 páginas

APAIXONE-SE POR VOCÊ

Você já ouviu alguém dizer para outra pessoa: "minha vida é você"?
Enquanto o eixo de sua sustentação psicológica for outra pessoa, a sua vida estará sempre ameaçada, pois o medo da perda vai rondar seus passos a cada minuto.

Wanderley Oliveira
16 x 23 cm
152 páginas

A VERDADE ALÉM DAS APARÊNCIAS - O UNIVERSO INTERIOR

Liberte-se da ansiedade e da angústia, direcionando o seu espírito para o único tempo que realmente importa: o presente. Nele você pode construir um novo olhar, amplo e consciente, que levará você a enxergar a verdade além das aparências.

Samuel Gomes
16 x 23 cm
272 páginas

DESCOMPLIQUE, SEJA LEVE

Um livro de mensagens para apoiar sua caminhada na aquisição de uma vida mais suave e rica de alegrias na convivência.

Wanderley Oliveira
16 x 23 cm
238 páginas

7 CAMINHOS PARA O AUTOAMOR

O tema central dessa obra é o autoamor que, na concepção dos educadores espirituais, tem na autoestima o campo elementar para seu desenvolvimento. O autoamor é algo inato, herança divina, enquanto a autoestima é o serviço laborioso e paciente de resgatar essa força interior, ao longo do caminho de volta à casa do Pai.

Wanderley Oliveira | Pai João de Angola
16 x 23 cm
272 páginas

A REDENÇÃO DE UM EXILADO

A obra traz informações sobre a formação da civilização, nos primórdios da Terra, que contou com a ajuda do exílio de milhões de espíritos mandados para cá para conquistar sua recuperação moral e auxiliar no desenvolvimento das raças e da civilização. É uma narrativa do Apóstolo Lucas, que foi um desses enviados, e que venceu suas dificuldades íntimas para seguir no trabalho orientado pelo Cristo.

Samuel Gomes | Lucas
16 x 23 cm
368 páginas

AMOROSIDADE - A CURA DA FERIDA DO ABANDONO

Uma das mais conhecidas prisões emocionais na atualidade é a dor do abandono, a sensação de desamparo. Essa lesão na alma responde por larga soma de aflições em todos os continentes do mundo. Não há quem não esteja carente de ser protegido e acolhido, amado e incentivado nas lutas de cada dia.

Wanderley Oliveira | Ermance Dufaux
16 x 23 cm
300 páginas

MEDIUNIDADE - A CURA DA FERIDA DA FRAGILIDADE

Ermance Dufaux vem tratando sobre as feridas evolutivas da humanidade. A ferida da fragilidade é um dos traços mais marcantes dos aprendizes da escola terrena. Uma acentuada desconexão com o patrimônio da fé e do autoamor, os verdadeiros poderes da alma.

Wanderley Oliveira | Ermance Dufaux
16 x 23 cm
235 páginas

CONECTE-SE A VOCÊ - O ENCONTRO DE UMA NOVA MENTALIDADE QUE TRANSFORMARÁ A SUA VIDA

Este livro vai te estimular na busca de quem você é verdadeiramente. Com leitura de fácil assimilação, ele é uma viagem a um país desconhecido que, pouco a pouco, revela características e peculiaridades que o ajudarão a encontrar novos caminhos. Para esta viagem, você deve estar conectado a sua essência. A partir daí, tudo que você fizer o levará ao encontro do propósito que Deus estabeleceu para sua vida espiritual.

Rodrigo Ferretti
16 x 23 cm
256 páginas

APOCALIPSE SEGUNDO A ESPIRITUALIDADE - O DESPERTAR DE UMA NOVA CONSCIÊNCIA

Num curso realizado em uma colônia do plano espiritual, o livro Apocalipse, de João Evangelista, é estudado de forma dinâmica e de fácil entendimento, desvendando a simbologia das figuras místicas sob o enfoque do autoconhecimento.

Samuel Gomes
16 x 23 cm
313 páginas

VIDAS PASSADAS E HOMOSSEXUALIDADE - CAMINHOS QUE LEVAM À HARMONIA

"Vidas Passadas e Homossexualidade" é, antes de tudo, um livro sobre o autoconhecimento. E, mais que uma obra que trada do uso prático da Terapia de Regressão às Vidas Passadas . Em um conjunto de casos, ricamente descritos, o leitor poderá compreender a relação de sua atual encarnação com aquelas que ele viveu em vidas passadas. O obra mostra que absolutamente tudo está interligado. Se o leitor não encontra respostas sobre as suas buscas psicológicas nesta vida, ele as encontrará conhecendo suas vidas passadas.
Samuel Gomes

Dra. Solange Cigagna
16 x 23 cm
364 páginas

SÉRIE CONSCIÊNCIA DESPERTA

SAIA DO CONTROLE - UM DIÁLOGO TERAPEUTICO E LIBERTADOR ENTRE A MENTE E A CONSCIÊNCIA

Agimos de forma instintiva por não saber observar os pensamentos e emoções que direcionam nossas ações de forma condicionada. Por meio de uma observação atenta e consciente, identificando o domínio da mente em nossas vidas, passamos a viver conscientes das forças internas que nos regem.

Rossano Sobrinho
16 x 23 cm
268 páginas

SÉRIE CULTO NO LAR

VIBRAÇÕES DE PAZ EM FAMÍLIA

Quando a família se reune para orar, ou mesmo um de seus componentes, o ambiente do lar melhora muito. As preces são emissões poderosas de energia que promovem a iluminação interior. A oração em família traz paz e fortalece, protege e ampara a cada um que se prepara para a jornada terrena rumo à superação de todos os desafios.

Wanderley Oliveira | Ermance Dufaux
16 x 23 cm
212 páginas

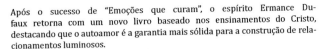

JESUS - A INSPIRAÇÃO DAS RELAÇÕES LUMINOSAS

Após o sucesso de "Emoções que curam", o espírito Ermance Dufaux retorna com um novo livro baseado nos ensinamentos do Cristo, destacando que o autoamor é a garantia mais sólida para a construção de relacionamentos luminosos.

Wanderley Oliveira | Ermance Dufaux
16 x 23 cm
304 páginas

REGENERAÇÃO - EM HARMONIA COM O PAI

Nos dias em que a Terra passa por transformações fundamentais, ampliando suas condições na direção de se tornar um mundo regenerado, é necessário desenvolvermos uma harmonia inabalável para aproveitar as lições que esses dias nos proporcionam por meio das nossas decisões e das nossas escolhas, [...].

Samuel Gomes | Diversos Espíritos
16 x 23 cm
223 páginas

PRECES ESPÍRITAS

Porque e como orar?
O modo como oramos influi no resultado de nossas preces?
Existe um jeito certo de fazer a oração?
Allan Kardec nos afirma que *"não há fórmula absoluta para a prece"*, mas o próprio Evangelho nos orienta que *"quando oramos, devemos entrar no nosso aposento interno do coração e, fechando a porta, busquemos Deus que habita em nós; e Ele, que vê nossa mais secreta realidade espiritual, nos amparará em todas as necessidades. Ao orarmos, evitemos as repetições de orações realizadas da boca para fora, como muitos que pensam que por muito falarem serão ouvidos. Oremos a Deus em espírito e verdade porque nosso Pai sabe o que nos é necessário, antes mesmo de pedirmos ".*
(Mateus 6:5 a 8)

Allan Kardec
16 x 23 cm
145 páginas

ebook

O EVANGELHO SEGUNDO O ESPIRITISMO

O Evangelho de Jesus Cristo foi levado ao mundo por meio de seus discípulos, logo após o desencarne do Mestre na cruz. Mas o Evangelho de Cristo foi, muitas vezes, alterado e deturpado através de inúmeras edições e traduções do chamado Novo Testamento. Agora, a Doutrina Espírita, por meio de um trabalho sob a óptica dos espíritos e de Allan Kardec, vem jogar luz sobre a verdadeira face de Cristo e seus ensinamentos de perdão, caridade e amor.

Allan Kardec
16 x 23 cm
431 páginas

ebook

SÉRIE DESAFIOS DA CONVIVÊNCIA

QUEM SABE PODE MUITO. QUEM AMA PODE MAIS

A lição central desta obra é mostrar que o conhecimento nem sempre é suficiente para garantir a presença do amor nas relações. "Estar informado é a primeira etapa. Ser transformado é a etapa da maioridade." - Eurípedes Barsanulfo.

Wanderley Oliveira | José Mário
16 x 23 cm
312 páginas

ebook

QUEM PERDOA LIBERTA - ROMPER OS FIOS DA MÁGOA ATRAVÉS DA MISERICÓRDIA

Continuação do livro "QUEM SABE PODE MUITO. QUEM AMA PODE MAIS" dando sequência à trilogia "Desafios da Convivência".

Wanderley Oliveira | José Mário
16 x 23 cm
320 páginas

ebook

SERVIDORES DA LUZ NA TRANSIÇÃO PLANETÁRIA

Nesta obra recebemos o convite para nos integrar nas fileiras dos Servidores da Luz, atuando de forma consciente diante dos desafios da transição planetária. Brilhante fechamento da trilogia.

Wanderley Oliveira | José Mário
14x21 cm
298 páginas

SÉRIE ESPÍRITOS DO BEM

GUARDIÕES DO CARMA - A MISSÃO DOS EXUS NA TERRA

Pai João de Angola quebra com o preconceito criado em torno dos exus e mostra que a missão deles na Terra vai além do que conhecemos. Na verdade, eles atuam como guardiões do carma, nos ajudando nos principais aspectos de nossas vidas.

Wanderley Oliveira | Pai João de Angola
16 x 23 cm
288 páginas

GUARDIÃS DO AMOR - A MISSÃO DAS POMBAGIRAS NA TERRA

"São um exemplo de amor incondicional e de grandeza da alma. São mães dos deserdados e angustiados. São educadoras e desenvolvedoras do sagrado feminino, e nesse aspecto são capazes de ampliar, nos homens e nas mulheres, muitas conquistas que abrem portas para um mundo mais humanizado, [...]".

Wanderley Oliveira | Pai João de Angola
16 x 23 cm
232 páginas

GUARDIÕES DA VERDADE - NADA FICARÁ OCULTO

Neste momento de batalhas decisivas rumo aos tempos da regeneração, esta obra é um alerta que destaca a importância da autenticidade nas relações humanas e da conduta ética como bases para uma forma transparente de viver. A partir de agora, nada ficará oculto, pois a Verdade é o único caminho que aguarda a humanidade para diluir o mal e se estabelecer na realidade que rege o universo.

Wanderley Oliveira | Pai João de Angola
16 x 23 cm
236 páginas

SÉRIE ESTUDOS DOUTRINÁRIOS

ATITUDE DE AMOR

Opúsculo contendo a palestra "Atitude de Amor" de Bezerra de Menezes, o debate com Eurípedes Barsanulfo sobre o período da maioridade do Espiritismo e as orientações sobre o "movimento atitude de amor". Por uma efetiva renovação pela educação moral.

Wanderley Oliveira | Ermance Dufaux e Cícero Pereira
14 x 21 cm
94 páginas

SEARA BENDITA

Um convite à reflexão sobre a urgência de novas posturas e conceitos. As mudanças a adotar em favor da construção de um movimento social capaz de cooperar com eficácia na espiritualização da humanidade.

Wanderley Oliveira e Maria José Costa | Diversos Espíritos
14 x 21 cm
284 páginas

Gratuito em nosso site, somente em:

NOTÍCIAS DE CHICO

"Nesta obra, Chico Xavier afirma com seu otimismo natural que a Terra caminha para uma regeneração de acordo com os projetos de Jesus, a caracterizar-se pela tolerância humana recíproca e que precisamos fazer a nossa parte no concerto projetado pelo Orientador Maior, principalmente porque ainda não assumimos responsabilidades mais expressivas na sustentação das propostas elevadas que dizem respeito ao futuro do nosso planeta."

Samuel Gomes | Chico Xavier
16 x 23 cm
181 páginas

SÉRIE FAMÍLIA E ESPIRITUALIDADE

UM JOVEM OBSESSOR - A FORÇA DO AMOR NA REDENÇÃO ESPIRITUAL

Um jovem conta sua história, compartilhando seus problemas após a morte, falando sobre relacionamentos, sexo, drogas e, sobretudo, da força do amor na redenção espiritual.

Adriana Machado | Jefferson
16 x 23 cm
392 páginas

UM JOVEM MÉDIUM - CORAGEM E SUPERAÇÃO PELA FORÇA DA FÉ

A mediunidade é um canal de acesso às questões de vidas passadas que ainda precisam ser resolvidas. O livro conta a história do jovem Alexandre que, com sua mediunidade, se torna o intermediário entre as histórias de vidas passadas daqueles que o rodeiam tanto no plano físico quanto no plano espiritual. Surpresos com o dom mediúnico do menino, os pais, de formação Católica, se veem às voltas com as questões espirituais que o filho querido traz para o seio da família.

Adriana Machado | Ezequiel
16 x 23 cm
365 páginas

RECONSTRUA SUA FAMÍLIA - CONSIDERAÇÕES PARA O PÓS-PANDEMIA

Vivemos dias de definição, onde nada mais será como antes. Necessário redefinir e ampliar o conceito de família. Isso pode evitar muitos conflitos nas interações pessoais. O autoconhecimento seguido de reforma íntima será o único caminho para transformação do ser humano, das famílias, das sociedades e da humanidade.

Dr. Américo Canhoto
16 x 23 cm
237 páginas

SÉRIE HARMONIA INTERIOR

LAÇOS DE AFETO - CAMINHOS DO AMOR NA CONVIVÊNCIA

Uma abordagem sobre a importância do afeto em nossos relacionamentos para o crescimento espiritual. São textos baseados no dia a dia de nossas experiências. Um estímulo ao aprendizado mais proveitoso e harmonioso na convivência humana.

Wanderley Oliveira | Ermance Dufaux
16 x 23 cm
312 páginas

ebook ESPANHOL

MEREÇA SER FELIZ - SUPERANDO AS ILUSÕES DO ORGULHO

Um estudo psicológico sobre o orgulho e sua influência em nossa caminhada espiritual. Ermance Dufaux considera essa doença moral como um dos mais fortes obstáculos à nossa felicidade, porque nos leva à ilusão.

Wanderley Oliveira | Ermance Dufaux
16 x 23 cm
296 páginas

ebook ESPANHOL

REFORMA ÍNTIMA SEM MARTÍRIO - AUTOTRANSFORMAÇÃO COM LEVEZA E ESPERANÇA

As ações em favor do aperfeiçoamento espiritual dependem de uma relação pacífica com nossas imperfeições. Como gerenciar a vida íntima sem adicionar o sofrimento e sem entrar em conflito consigo mesmo?

Wanderley Oliveira | Ermance Dufaux
16 x 23 cm
288 páginas

 ESPANHOL | INGLÊS

PRAZER DE VIVER - CONQUISTA DE QUEM CULTIVA A FÉ E A ESPERANÇA

Neste livro, Ermance Dufaux, com seus ensinos, nos auxilia a pensar caminhos para alcançar nossas metas existenciais, a fim de que as nossas reencarnações sejam melhor vividas e aproveitadas.

Wanderley Oliveira | Ermance Dufaux
16 x 23 cm
248 páginas

ESCUTANDO SENTIMENTOS - A ATITUDE DE AMAR-NOS COMO MERECEMOS

Ermance afirma que temos dado passos importantes no amor ao próximo, mas nem sempre sabemos como cuidar de nós, tratando-nos com culpas, medos e outros sentimentos que não colaboram para nossa felicidade.

Wanderley Oliveira | Ermance Dufaux
16 x 23 cm
256 páginas

 ESPANHOL

DIFERENÇAS NÃO SÃO DEFEITOS - A RIQUEZA DA DIVERSIDADE NAS RELAÇÕES HUMANAS

Ninguém será exatamente como gostaríamos que fosse. Quando aprendemos a conviver bem com os diferentes e suas diferenças, a vida fica bem mais leve. Aprenda esse grande SEGREDO e conquiste sua liberdade pessoal.

Wanderley Oliveira | Ermance Dufaux
16 x 23 cm
248 páginas

EMOÇÕES QUE CURAM - CULPA, RAIVA E MEDO COMO FORÇAS DE LIBERTAÇÃO

Um convite para aceitarmos as emoções como forma terapêutica de viver, sintonizando o pensamento com a realidade e com o desenvolvimento da autoaceitação.

Wanderley Oliveira | Ermance Dufaux
16 x 23 cm
272 páginas

SÉRIE REFLEXÕES DIÁRIAS

PARA SENTIR DEUS

Nos momentos atuais da humanidade sentimos extrema necessidade da presença de Deus. Ermance Dufaux resgata, para cada um, múltiplas formas de contato com Ele, de como senti-Lo em nossas vidas, nas circunstâncias que nos cercam e nos semelhantes que dividem conosco a jornada reencarnatória. Ver, ouvir e sentir Deus em tudo e em todos.

Wanderley Oliveira | Ermance Dufaux
11 x 15,5 cm
133 páginas
Somente ebook

LIÇÕES PARA O AUTOAMOR

Mensagens de estímulo na conquista do perdão, da aceitação e do amor a si mesmo. Um convite à maravilhosa jornada do autoconhecimento que nos conduzirá a tomar posse de nossa herança divina.

Wanderley Oliveira | Ermance Dufaux
11 x 15,5 cm
128 páginas

Somente ebook

RECEITAS PARA A ALMA

Mensagens de conforto e esperança, com pequenos lembretes sobre a aplicação do Evangelho para o dia a dia. Um conjunto de propostas que se constituem em verdadeiros remédios para nossas almas.

Wanderley Oliveira | Ermance Dufaux
11 x 15,5 cm
146 páginas

Somente ebook

SÉRIE REGENERAÇÃO

FUTURO ESPIRITUAL DA TERRA

As necessidades, as estruturas perispirituais e neuropsíquicas, o trabalho, o tempo, as características sociais e os próprios recursos de natureza material se tornarão bem mais sutis. O futuro já está em construção e André Luiz, através da psicografia de Samuel Gomes, conta como será o Futuro Espiritual da Terra.

Samuel Gomes | André Luiz
16 x 23 cm
344 páginas

XEQUE-MATE NAS SOMBRAS - A VITÓRIA DA LUZ

André Luiz traz notícias das atividades que as colônias espirituais, ao redor da Terra, estão realizando para resgatar os espíritos que se encontram perdidos nas trevas e conduzi-los a passar por um filtro de valores, seja para receberem recursos visando a melhorar suas qualidades morais – se tiverem condições de continuar no orbe – seja para encaminhá-los ao degredo planetário.

Samuel Gomes | André Luiz
16 x 23 cm
212 páginas

A DECISÃO - CRISTOS PLANETÁRIOS DEFINEM O FUTURO ESPIRITUAL DA TERRA

"Os Cristos Planetários do Sistema Solar e de outros sistemas se encontram para decidir sobre o futuro da Terra na sua fase de regeneração. Numa reunião que pode ser considerada, na atualidade, uma das mais importantes para a humanidade terrestre, Jesus faz um pronunciamento direto sobre as diretrizes estabelecidas por Ele para este período."

Samuel Gomes | André Luiz e Chico Xavier
16 x 23 cm
210 páginas

e-book

 ## SÉRIE ROMANCE MEDIÚNICO

OS DRAGÕES - O DIAMANTE NO LODO NÃO DEIXA DE SER DIAMANTE

Um relato leve e comovente sobre nossos vínculos com os grupos de espíritos que integram as organizações do mal no submundo astral.

Wanderley Oliveira | Maria Modesto Cravo
16 x 23cm
522 páginas

e-book

LÍRIOS DE ESPERANÇA

Ermance Dufaux alerta os espíritas e lidadores do bem de um modo geral, para as responsabilidades urgentes da renovação interior e da prática do amor neste momento de transição evolutiva, através de novos modelos de relação, como orientam os benfeitores espirituais.

Wanderley Oliveira | Ermance Dufaux
16 x 23 cm
508 páginas

AMOR ALÉM DE TUDO

Regras para seguir e rótulos para sustentar. Até quando viveremos sob o peso dessas ilusões? Nessa obra reveladora, Dr. Inácio Ferreira nos convida a conhecer a verdade acima das aparências. Um novo caminho para aqueles que buscam respeito às diferenças e o AMOR ALÉM DE TUDO.

Wanderley Oliveira | Inácio Ferreira
16 x 23 cm
252 páginas

ABRAÇO DE PAI JOÃO

Pai João de Angola retorna com conceitos simples e práticos, sobre os problemas gerados pela carência afetiva. Um romance com casos repletos de lutas, desafios e superações. Esperança para que permaneçamos no processo de resgate das potências divinas de nosso espírito.

Wanderley Oliveira | Pai João de Angola
16 x 23 cm
224 páginas

UM ENCONTRO COM PAI JOÃO

A obra também fala do valor de uma terapia, da necessidade do autoconhecimento, dos tipos de casamentos programados antes do reencarne, dos processos obsessivos de variados graus e do amparo de Deus para nossas vidas por meio dos amigos espirituais e seus trabalhadores encarnados. Narra também em detalhes a dinâmica das atividades socorristas do centro espírita.

Wanderley Oliveira | Pai João de Angola
16 x 23 cm
220 páginas

O LADO OCULTO DA TRANSIÇÃO PLANETÁRIA

O espírito Maria Modesto Cravo aborda os bastidores da transição planetária com casos conectados ao astral da Terra.

Wanderley Oliveira | Maria Modesto Cravo
16 x 23 cm
288 páginas

ebook

PERDÃO - A CHAVE PARA A LIBERDADE

Neste romance revelador, conhecemos Onofre, um pai que enfrenta a perda de seu único filho com apenas oito anos de idade. Diante do luto e diversas frustrações, um processo desafiador de autoconhecimento o convida a enxergar a vida com um novo olhar. Será essa a chave para a sua libertação?

Adriana Machado | Ezequiel
14 x 21 cm
288 páginas

ebook

1/3 DA VIDA - ENQUANTO O CORPO DORME A ALMA DESPERTA

A atividade noturna fora da matéria representa um terço da vida no corpo físico, e é considerada por nós como o período mais rico em espiritualidade, oportunidade e esperança.

Wanderley Oliveira | Ermance Dufaux
16 x 23 cm
279 páginas

ebook

NEM TUDO É CARMA, MAS TUDO É ESCOLHA

Somos todos agentes ativos das experiências que vivenciamos e não há injustiças ou acasos em cada um dos aprendizados.

Adriana Machado | Ezequiel
16 x 23 cm
536 páginas

ebook

RETRATOS DA VIDA - AS CONSEQUÊNCIAS DO DESCOMPROMETIMENTO AFETIVO

Túlio costumava abstrair-se da realidade, sempre se imaginando pintando um quadro; mais especificamente pintando o rosto de uma mulher.
Vivendo com Dora um casamento já frio e distante, uma terrível e insuportável dor se abate sobre sua vida. A dor era tanta que Túlio precisou buscar dentro de sua alma uma resposta para todas as suas angústias..

Clotilde Fascioni
16 x 23 cm
175 páginas

O PREÇO DE UM PERDÃO - AS VIDAS DE DANIEL

Daniel se apaixona perdidamente e, por várias vidas, é capaz de fazer qualquer coisa para alcançar o objetivo de concretizar o seu amor. Mas suas atitudes, por mais verdadeiras que sejam, o afastam cada vez mais desse objetivo. É quando a vida o para.

André Figueiredo e Fernanda Sicuro | Espírito Bruno
16 x 23 cm
333 páginas

LIVROS QUE TRANSFORMAM VIDAS!

Acompanhe nossas redes sociais

(lançamentos, conteúdos e promoções)

- @editoradufaux
- facebook.com/EditoraDufaux
- youtube.com/user/EditoraDufaux

Conheça nosso catálogo e mais sobre nossa editora. Acesse os nossos sites

Loja Virtual

- www.dufaux.com.br

eBooks, conteúdos gratuitos e muito mais

- www.editoradufaux.com.br

Entre em contato com a gente.

Use os nossos canais de atendimento

- (31) 99193-2230
- (31) 3347-1531
- www.dufaux.com.br/contato
- sac@editoradufaux.com.br
- Rua Contria, 759 | Alto Barroca | CEP 30431-028 | Belo Horizonte | MG